Die Folgen

des

Erwerbs eigener Aktien

durch

die Aktiengesellschaft.

Von

G. Runkel-Langsdorff,
Dipl.-Ing. und Dr. jur.

Leipzig,
Verlag von Duncker & Humblot.
1906.

Meiner lieben Frau Marie.

Inhaltsverzeichnis.

Abkürzungen.

A.-G.(en) = Aktiengesellschaft(en).
a. M. = anderer Meinung.
Auerbach = Auerbach, Zu Art. 215 Abs. 3 des Handelsgesetzbuches „Erwerb eigener Aktien". Bei Busch Bd. 30 S. 67 ff.
Bachmann = Bachmann, Über die Zulässigkeit des sogenannten Rückkaufs und Amortisation eigener Aktien. Bei Busch Bd. 31 S. 1 ff.
G. Bachmann = G. Bachmann. Die Sonderrechte des Aktionärs. Zürich 1902.
Bankgesetz = Bankgesetz vom 14. März 1875 und Bekanntmachung des Reichskanzlers betr. Vorschriften über Bilanzen der Notenbanken usw. vom 15. Januar 1877, bei Guttentag Nr. 26 S. 53 ff. u. S. 142 ff.
Beigel = R. Beigel, Das Buchführungsrecht der Aktiengesellschaften usw. Leipzig ohne Jahreszahl.
Busch = F. B. Busch, Archiv für Theorie und Praxis des allgemeinen deutschen Handels- und Wechselrechts.
Cosack = Cosack, Lehrbuch des Handelsrechts 4. Auflage 1898 (zum teil auch 5. Auflage).
Denkschrift = Denkschrift zum Entwurf des H.G.B. 1897. In „Die gesamten Materialien zu den Reichs-Justizgesetzen". Herausgegeben von Hahn u. Mugdan Bd. 6. 1897.
D. J. Z. = Deutsche Juristen-Zeitung.
Dorner = Dorner, das badische Ausführungsgesetz zum B.G.B. 1900 bis 1902.
Eltze = H. Eltze, Die Umwandlung der Aktiengesellschaft. Dissertation Greifswald 1900.
Endemann = Endemann, Die Aktiennovelle vom 11. Juni 1870. Im Archiv des Norddeutschen Bundes und des Zollvereins IV. Bd. S. 56.
R. u. F. Esser = R. u. F. Esser, Die Aktiengesellschaft nach den Vorschriften des H.G.B. von 1897. 2. Aufl. 1899.
Gareis I. = K. Gareis, Das deutsche Handelsrecht 7. Aufl. 1903.
Gareis II. = K. Gareis, Das Recht am menschlichen Körper. In der Festgabe der juristischen Fakultät zu Königsberg für Schirmer.

Geiger =	B. Geiger, Der Rückkauf eigener Aktien, Kapitalsreduktion und Aktienliberierung. Bei Busch Bd. 30 S. 10 ff.
Gemünd und Knödgen =	W. Gemünd und F. Knödgen, Wie kann unser Aktienwesen gesunden? Köln 1902.
Gesetz vom 4. Dez. 1899. =	Gesetz betreffend die gemeinsamen Rechte der Besitzer von Schuldverschreibungen vom 4. Dezember 1899.
G. R. oder Zw. R. =	gesetzlicher Reservefonds oder Zwangsreservefonds des § 262 H.G.B.
Gierke I. =	O. Gierke, Handelsrecht. In Holtzendorffs Enzyklopädie S. 889 ff. 1904.
Gierke II. =	O. Gierke, Deutsches Privatrecht I. Bd. 1895.
Goldmann =	Goldmann, Handelsgesetzbuch II. Bd. 1905.
Goldschmidt =	Goldschmidt, Zeitschrift für das gesamte Handelsrecht.
Goldstein =	Goldstein, Der Konkurs der Aktiengesellschaft. In Hirths Annalen des Deutschen Reiches S. 721 ff. 1901.
Grünhut =	Grünhut, Zeitschrift für das Privatrecht und öffentliche Recht der Gegenwart.
Handbuch I. u. II. =	Handbuch der deutschen Aktiengesellschaften. Jahrbuch der deutschen Börsen. Ausgabe 1901/02 Band I u. II.
Hecht I. =	Hecht, Das Hypothekenbankrecht. In Holtzendorffs Enzyklopädie S. 1080 ff. 1904.
Hecht II. =	Hecht, Zur Reform des Aktiengesellschaftsrechtes 1882.
Hecht III. =	Hecht, Mißstände im Wesen der Aktiengesellschaften. Bei Holdheim Bd. 12 S. 269 ff.
Hecht IV. =	Hecht, Die Kreditinstitute auf Aktien und auf Gegenseitigkeit. Bd. I: Das Börsen- und Aktienwesen der Gegenwart und die Reform des Aktiengesellschaftsrechts 1874.
Hergenhahn =	Hergenhahn, Das Reichsgesetz betr. die Kommanditgesellschaft auf Aktien und die Aktiengesellschaft 1891.
Hirsch =	Hirsch, Der Erwerb eigener Aktien durch die Aktiengesellschaft. Dissertation 1888.
Holdheim =	Holdheim, Monatsschrift für Handelsrecht und Bankwesen, Steuer- und Stempelfragen.
Jakobson =	E. Jakobson, Der Rückkauf von Aktien über Pari. Bei Holdheim Bd. 12 S. 148 ff.
Jacobi =	E. Jacobi, Die Wertpapiere im bürgerlichen Recht des Deutschen Reiches. In Fischers Abhandlungen, Jena 1901.
Jellinek =	Jellinek, System der subjektiven öffentlichen Rechte 1893.

Kautsch = Kautsch, Handbuch des Bank- und Börsenwesens 2. Aufl. bearbeitet von Carnap 1901.

Kayser = Kayser, Gesetz betr. die Kommanditgesellschaften auf Aktien und die Aktiengesellschaft vom 18. Juli 1884. 2. Aufl. 1891.

Keyßner = H. Keyßner, Aktiengesellschaften und Kommanditgesellschaften auf Aktien. Berlin 1873.

Keyßner u. Simon = H. Keyßner u. V. Simon, Aktiengesellschaft und Kommanditgesellschaft auf Aktien 1900.

Klemperer = Klemperer, Die rechtliche Natur der Genußscheine. Dissertation Halle 1898.

K. O. = Konkursordnung vom 17. Mai 1898.

von Kräwel = von Kräwel, Der Rückkauf eigener Aktien. Bei Busch Bd. 29 S. 12 ff.

Laband = Laband, Beiträge zur Dogmatik der Handelsgesellschaften. Bei Goldschmidt Bd. 30 S. 467 ff.

Ladenburg = Ladenburg, Die Reform der Aktiengesetzgebung. Bei Busch Bd. 38 S. 187 ff.

Lehmann I. u. II. = K. Lehmann, Das Recht der Aktiengesellschaften I. Bd. 1898; II. Bd. 1904.

Lehmann III. = K. Lehmann, Zur Lehre von den Erwerbsgründen des Aktienrechts. Bei Goldschmidt Bd. 51 S. 373 ff.

Lehmann IV. = K. Lehmann, Umwandlungen handelsrechtlicher Unternehmungsformen. Bei Goldschmidt Bd. 50 S. 1 ff.

Lehmann-Ring = Lehmann-Ring, Handelsgesetzbuch 1902.

Leonhard = R. Leonhard, Der allgemeine Teil des B.G.B. usw. 1900.

Levinsohn = J. Levinsohn, Die Folgen der Vereinigung aller Kuxen in der Hand eines Gewerken. Dissertation 1897.

Lippold = Lippold, Zur Lehre von den Aktiengesellschaften. Bei Busch Bd. 30 S. 241.

Löwenfeld = Löwenfeld, Das Recht der Aktiengesellschaft 1879.

Makower = F. Makower, Handelsgesetzbuch mit Kommentar. Bd. I 1904 (u. 12. Aufl. 1901).

E. Mayer I. = E. Mayer, Genußschein und Amortisationsfonds. Bei Holdheim Bd. 9. S. 53 ff.

E. Mayer II. = E. Mayer, Vom Reservefonds der Aktiengesellschaften. In den Juristischen Blättern (Wien) Bd. 27 S. 544.

Meili = F. Meili, Das Recht des Nutznießers auf Bezug neuer Aktien. Bei Holdheim Bd. 9 S. 4 ff.

A. Meyer = A. Meyer, Das Aktienrecht 3. Aufl. 1900.

Neukamp I. = Neukamp, Der Reservefonds der Kommanditgesellschaft

	auf Aktien und der Aktiengesellschaften. Bei Goldschmidt Bd. 38 S. 10 ff.
Neukamp II. =	Neukamp, Das Dogma von der Bilanzwahrheit. Bei Goldschmidt Bd. 48 S. 450.
Neukamp III. =	Neukamp, Finden auf den Verkauf von Inhaberaktien die Vorschriften der §§ 549 ff. B.G.B. §§ 377, 378 H.G.B. oder diejenigen der §§ 437, 438, 195 B.G.B. Anwendung? Bei Holdheim Bd. 14 S. 1.
Nothnagel =	W. Nothnagel, Das österreichische Aktienregulativ vom 20. September 1899. Bei Goldschmidt Bd. 49 S. 311, Bd. 50 S. 109 ff.
Obst =	Obst, Geld-, Bank und Börsenwesen 1903.
Öchelhäuser =	Öchelhäuser, Die Nachteile des Aktienwesens und die Reform der Aktiengesetzgebung 1878.
O. L. G. =	Oberlandesgericht.
§ 261 oder § 261 H.G.B. =	§ 261 des Handelsgesetzbuches von 1897.
Petersen u. v. Pechmann =	Petersen u. von Pechmann, Gesetz betr. die Kommanditgesellschaft auf Aktien und die Aktiengesellschaft vom 18. Juli 1884 (1887).
Pinner =	Pinner, Das deutsche Aktienrecht 1899.
pr. V. G. =	Reichsgesetz über die privaten Versicherungsunternehmungen vom 12. Mai 1901.
R. G. Bd. 23 S. 116 =	Entscheidungen des Reichsgerichts in Zivilsachen Bd. 23 S. 116.
R.O.G.H. =	Reichsoberhandelsgericht.
Reisch I. =	Reisch, Über Aktienkapitalsherabsetzungen usw. Bei Grünhut Bd. 28 S. 718 ff.
Reisch II. =	Reisch, Besprechung von Rehms „Bilanzen der Aktiengesellschaften." Bei Holdheim Bd. 13 S. 33 ff. u. S. 66 ff.
Rehm =	Rehm, Die Bilanzen der Aktiengesellschaften. München 1903.
Rehm I. =	Rehm, Buchführung und Jurisprudenz. Bei Holdheim Bd. 13 S. 173 ff.
Renaud I. u. II. =	Renaud, Das Recht der Aktiengesellschaften 1. u. 2. Aufl.
R. =	Reservefonds.
Rießer =	Rießer, Die Neuerungen im deutschen Aktienrecht und Entwürfe für neue Statuten 1899.
Ring =	V. Ring, Das Reichsgesetz betr. die Kommanditgesellschaft auf Aktien und die Aktiengesellschaft vom 18. Juli 1884. Berlin 1. Aufl. 1886.
Saling I. u. II. =	Salings Börsen Papiere I. Teil 1897, II. Teil 1902/03.
von Salpius =	von Salpius, Die Ergänzungen der allgemeinen

deutschen Wechselordnung und des allgemeinen deutschen Handelsgesetzbuches im Gebiete des Norddeutschen Bundes usw. Berlin 1870.

Schmittmann = B. Schmittmann, Bildet bei der G. m. b. H. die Vereinigung aller Geschäftsanteile in einer Hand einen Auflösungsgrund? 1897.

Seidler = Seidler, Über den Reservefonds; ein Referat über Seidler. Bei Holdheim Bd. 9 S. 107.

Simon I. = H. V. Simon, Die Bilanzen der Aktiengesellschaften und der Kommanditgesellschaften auf Aktien. 3. Aufl. 1899 (zum Teil auch 1. Aufl. 1886).

Simon II. = H. V. Simon, Der Einfluß des B.G.B. auf das Aktienrecht. Bei Goldschmidt Bd. 49 S. 1 ff.

Simon III. = H. V. Simon, Die Vertretung eigener und fremder Aktien in Generalversammlungen. In der Festgabe der Rechtsanwaltschaft am Kammergericht für Wilke S. 257 ff.

Simon IV. = H. V. Simon, Betrachtungen über Bilanzen und Geschäftsberichte der Aktiengesellschaften aus Anlaß neuerer Vorgänge. In der Festgabe für Dr. Koch S. 379 ff. 1903.

Staub I. u. II. = Staub, Kommentar zum Handelsgesetzbuch I = 3. u. 4. Aufl.; II = 6. u. 7. Aufl.

Staub G. G. = Staub, Kommentar zum Gesetz der Gesellschaften mit beschränkter Haftung. 1903.

Steiner = K. Steiner, Über den Erwerb und die Amortisierung eigener Aktien. Dissertation 1875.

Stier-Somlo = Stier-Somlo, Die Reform des Aufsichtsrates der Aktiengesellschaft. Bei Goldschmidt Bd. 53 S. 20 ff.

von Strombeck I. = von Strombeck, Bilanzaufstellung der Aktiengesellschaften. Bei Goldschmidt Bd. 28 S. 459 ff.

von Strombeck II. u. III. = von Strombeck, Grundkapital, Grundvermögen und Bilanz der Aktiengesellschaften usw. Bei Busch Bd. 37 S. 1 ff., Bd. 38 S. 15 ff.

Thöl I. = Thöl, Das Handelsrecht 5. Aufl. 1876.

Thöl II. = Thöl, Praxis des Handelsrechts und Wechselrechts 1874.

Thon = Thon, Rechtsnorm und subjektives Recht 1878.

Tobias = Tobias, Disagiogewinn und Bilanz der Hypothekenbanken. Bei Holdheim Bd. 10 S. 73 ff.

von Völderndorff = von Völderndorff, Das Gesetz betr. die Kommanditgesellschaft auf Aktien und die Aktiengesellschaft vom 18. Juli 1884 2. Aufl. 1891.

Wagner = Wagner, System der Zettelbankpolitik 2. Aufl.

Z f. H. = Goldschmidt, Zeitschrift für das gesamte Handelsrecht.

Zelter = Zelter, Zur Steuerpflicht der Abschreibungen bei Aktiengesellschaften. Bei Holdheim Bd. 10 S. 234 ff.

Zimmermann I. = Zimmermann, Über die Vereinigung aller Aktien einer Gesellschaft in einer Hand. Bei Busch Bd. 31 S. 222 ff.

Zimmermann II. = Zimmermann, Beitrag zur Gesetzgebung über Aktiengesellschaften. Bei Busch Bd. 31 S. 259 ff.

Außer den hier genannten Verfassern und Werken sind noch einige andere in den Fußnoten näher bezeichnet.

Einleitung.

Das Thema, das hier behandelt werden soll, hat bislang weder in der Theorie noch in der Praxis eine einheitliche Bearbeitung erfahren. Gewichtige Gründe veranlassen den einen eine Folgerung zu ziehen, die ein anderer mit ebenso gewichtigen Gründen nicht gezogen wissen will. Die subjektive Anschauung hat gerade hier den weitesten Spielraum, weil das Gesetz die gesamte Materie nur in wenigen Paragraphen behandelt, die außerdem so abgefaßt sind, daß sie mannigfache Auslegungen zulassen. Je nach dem Standpunkte des einzelnen fällt seine Meinung aus. Die Vielgestaltigkeit der Auffassung findet ihre Begründung in dem Umstand, daß das Opportunitätsprinzip die Grundlage der Erwägungen bildet. Mit anderen Worten gesagt: man fühlt sich durch eine unsichere Basis gezwungen, nicht im allgemeinen die Schlüsse zu ziehen, sondern entscheidet sich nach Zweckmäßigkeitsgründen für gewisse Folgen. Will man die Bilanzklarheit gewahrt wissen oder sollen die Gesellschaftsgläubiger oder die Aktionäre gesichert werden, oder tritt man für die Unveränderlichkeit des Grundkapitals ein, so ist, je nach der Anhängerschaft an den einen oder anderen Satz, eine Verschiedenheit der Gesichtspunkte gegeben, und demgemäß werden auch die Zweckmäßigkeitserwägungen und mit ihnen die Beurteilung der Materie verschieden ausfallen.

Anders dagegen verhält es sich, wenn zugrunde gelegt wird das Legalitätsprinzip; die Einheitlichkeit wird dann besser gewahrt, da die auftauchenden Fragen nach einem Prinzip gelöst werden. Diesem Vorteil steht aber der Nachteil gegenüber, daß nicht alle Lösungen der Praxis genehm sein werden. Dieser Weg wurde in der Arbeit eingeschlagen, um die zu ziehenden Konsequenzen prinzipiell zu würdigen.

Der Besitz eigener Aktien ist im allgemeinen in der Praxis von untergeordneter Bedeutung, da es sich immer nur um kleine Beträge handelt — wenn man den spärlichen Notizen, die darüber veröffentlicht sind, trauen darf[1]). In einem Falle dagegen — bei der Fusion, wie später gezeigt wird — ist es von der weittragendsten Bedeutung, nach welcher Auffassung man den Besitz regelt.

Allgemeiner Teil.

I.

§ 1. Die Rechtsnormen betreffend den Erwerb eigener Aktien.

Der Erwerb eigener Aktien ist geregelt durch die instruktionelle Vorschrift des § 226 H.G.B.[1]). Auch einzelne Vorgänge des § 227 fallen unter den Erwerb; denn die „Einziehung" dieses Paragraphen kann stattfinden dadurch, daß die A.-G. die Aktien erwirbt und vernichtet (z. B. Ankauf, freiwillige Hingabe). Sie ist aber auch dadurch möglich, daß die Vernichtung stattfindet durch die Verkündigung der Nummern der dem Untergang geweihten Aktien (Auslosung, Kündigung usw.). Bei der letzteren Art brauchen dieselben

---

[1]) Dagegen spricht eigentlich die Gebarung von A.-G.en vor dem Verbote von 1870 und die damals aufgespeicherten bis über 2½ Millionen Taler gehenden Beträge in eigenen Aktien. Angaben darüber bei Wagner S. 88 Anm. 230, S. 89 Anm. 233, S. 443 Anm. 850a; ferner Entscheidung des R.O.H.G. vom 13. Sept. 1873 gegen den Nordd. Lloyd bei Busch Bd. 29 S. 74 und 75. Siehe auch Handbuch der A.-G. S. 388; hier besaß noch im Jahre 1899 die Industriegesellschaft Lichtenberg für 820 000 Mk. eigene Aktien.

[1]) Ähnlich das italienische, französische, ungarische, spanische und portugiesische H.G.B.: Näheres bei G. Bachmann S. 78 Anm. 1; über das serbische Recht siehe Z. f. H.R. Bd. 51 S. 614.

nicht unbedingt von der A.-G. erworben zu werden; sondern im Augenblick der Kündigung usw. ist die Einziehung vollendet, wenn nicht das Statut anderes bestimmt.

Es ist daher einerseits zu weit gefaßt, wenn Staub[2]) die Amortisation unter den Begriff „Erwerb eigener Aktien" subsummiert, andererseits aber zu eng, wenn Makower[3]) die Einziehung vom Erwerb völlig trennen will. Man muß unter Erwerb das berechtigte und gesetzlich erlaubte Ansichnehmen verstehen, wobei die causa ebenso vielgestaltig sein kann wie der Zweck, zu dem der Erwerb erfolgt. Hier soll nur von dem Erwerb zu erlaubten Zwecken die Rede sein; wann ein solcher der A.-G. gestattet ist[4]), wird als bekannt vorausgesetzt, da nur die Folgen untersucht werden sollen.

Der Erwerb eigener Aktien[5]) ist im alten H.G.B. von 1861 — wenn man von Art. 220 absieht — noch nicht geregelt und damit auch nicht verboten[6]). Wie bekannt, wurde das H.G.B. erst 1869 Bundesgesetz und noch später, 1871 usw., Reichsgesetz. Bis dahin war es von den einzelnen deutschen Staaten als Landesgesetz erlassen worden. Es wäre leicht möglich gewesen, daß der eine oder der andere Staat in seinen Einführungs- oder Ausführungsbestimmungen zum H.G.B.[7]) eine Regelung dieser Frage hätte treffen können; allein dies ist nicht der Fall gewesen. Demgemäß durften in den deutschen Staaten eigene Aktien von den A.-G.en erworben werden; dies geschah auch häufig[8]), und zwar ohne erhebliche Mißstände zu zeitigen[9]). Bald jedoch trat ein

---

[2]) I. Art. 215d § 7.

[3]) S. 485 § 227 Ia.

[4]) Näheres bei Cosack 5. Auflage S. 635.

[5]) Der Begriff A.-G., und damit auch der Kreis der Aktien, ist hier enger gefaßt: er erstreckt sich nur auf solche, die Handelsgesellschaften sind; geht hervor aus Art. 5 und 207 H.G.B.

[6]) Entscheidung des R.O.H.G. vom 13. Okt. 1871 (III. S. 331).

[7]) Von Salpius S. 158 ff.

[8]) Wagner S. 88 und S. 443 Anm. 850a; von Krätwel S. 12, Geiger S. 12.

[9]) Hirsch S. 1 ff. Wagner spricht zwar davon, daß die Praktiken der Banken nicht alle lauter waren. S. 88 Anm. 232; ebenso Geiger S. 13 ff; Bachmann S. 21.

völliger Umschwung ein, der durch unlautere Gebarung in Österreich angeregt wurde. Die Folge war, daß man von dem einen Extrem ins andere fiel. War der Erwerb bisher ganz freigegeben, so wurde er nun — obwohl namhafte Juristen dagegen waren — ohne weiteres verboten[10]). Dieses Verbot rief eine lebhafte Parteinahme dafür und dagegen[11]) hervor. Mit der Kritik Hand in Hand gingen Vorschläge zur Verbesserung[12]), und die Folge war, daß man sich zu einer Milderung des Artikels 215 Abs. 3 und einer genaueren Regelung des Erwerbs eigener Aktien entschloß. So entstand der Artikel 215 Abs. 1 der Novelle vom 18. Juli 1884, der den Erwerb unter gewissen Umständen erlaubt. Daraus ging dann § 226 H.G.B.[13]) hervor. Auch unter der Herrschaft dieses Gesetzes sollen im regelmäßigen Geschäftsbetriebe eigene Aktien nicht erworben werden. Um dieser Vorschrift mehr Nachdruck zu verleihen, lassen die §§ 241 Ziff. 3 und 249 Abs. 3 die Vorstands- und Aufsichtsratsmitglieder bei ihrer Nichtbeachtung schadensersatzpflichtig[14]) werden.

§ 2. Die Rechte gegen sich selbst.

Bezeichnet man mit dem Worte „Aktie" die Mitgliedschaft mit ihren Rechten und Pflichten bei einer A.-G.[1]), so ist klar, daß mit dem Erwerb der Aktie in der Regel Rechte und Pflichten verbunden sind. Es erwirbt also auch die A.-G. beim Erwerb ihrer eigenen Aktien Rechte und Pflichten gegen sich selbst.

---

[10]) Aktiennovelle vom 11. Juni 1870 Art. 215 Abs. 3; siehe auch: Lippold S. 252, Endemann S. 56, Bachmann S. 2. Über die einschränkende Auslegung vergl. Renaud II. S. 414, 415, Ladenburg S. 217, Auerbach S. 40, in Buschs Archiv Bd. 38. S. 232 (Makower), S. 113 u. a. m.

[11]) Steiner S. 9, 15 ff.

[12]) Hirsch S. 16, F. Hecht IV. S. 146.

[13]) Näheres über die ausländische Gesetzgebung bei Lehmann II. S. 80 ff. Über die Rückwirkung: Pinner S. 122, Staub II. S. 682 Anm. 10.

[14]) Über eine Reform der Haftpflicht bei Aufsichtsratsmitgliedern siehe Stier-Somlo S. 58 ff.

[1]) Cosack S. 631 I 1.

Nun gehen Cosack[2]), Rehm[3]), Lehmann[4]), Goldmann[5]) u. a. m. — von den älteren Schriftstellern sei Renaud[6]) erwähnt — von der Ansicht aus, daß nach juristischer Auffassung die A.-G. keine Mitgliedschaftsrechte bei sich selbst besitzen könne. Ist dies nun so unbedingt der Fall? Zur Untersuchung der Frage soll von dem Begriff der juristischen Rechte ausgegangen werden; von diesen kommen vor allem in Betracht die subjektiven Rechte, die das Gesetz kurzerhand „Rechte" zu nennen pflegt[7]). Man kann sie definieren als die Befugnisse zu handeln oder zu unterlassen, auch gegen den Willen Dritter, ohne sich deshalb dem objektiven Rechtszwange auszusetzen. Die Sphäre, in der solche Handlungen oder Unterlassungen geschehen, ist die Sphäre der rechtlichen Freiheit. Sie ist durch objektives Recht geschützt und genau abgegrenzt. Mit geringer Ausnahme basiert sie für jeden auf denselben Grundlagen. Auch die juristischen Personen hat das Gesetz mit einer Rechtssphäre umgeben. Bleibt ein Individuum innerhalb seiner Sphäre, so heißt das mit anderen Worten: es unternimmt nichts, was einen Übergriff in die Rechtssphäre eines anderen darstellen und demgemäß durch Handhabung der Schutznormen gerügt würde. Daß das Recht im objektiven Sinne, das die Verhältnisse der Menschen bezw. der Rechtssphären zu einander regelt, an einer Kodifizierung der Handlungen innerhalb einer Sphäre weniger Interesse hat, ist selbstverständlich. Nur die Festsetzung der Grenzen, der Grenzhandlungen und -wirkungen, sowie markanter Fälle[8]) ist für es von Wichtigkeit. Wenn nun auch die Kodifizierung von geringem Interesse ist, ist damit nicht gesagt, daß die Handlungen keine Rechtshandlungen sein würden. Im Gegenteil haben wir fest-

---

[2]) S. 635 Ziff. 5.

[3]) S. 468.

[4]) II. S. 75.

[5]) S. 953.

[6]) II. S. 412.

[7]) Leonhard S. 2.

[8]) Näheres darüber S. 8 und 9.

gestellt, daß sie das subjektive Recht ausmachen; sie können auch rechtlich irrelevant sein — wie es in der Tat auch häufig der Fall ist —, sie gehören aber trotzdem unter den aufgestellten Begriff. Gerichtet sind sie entweder gegen andere, sei es im freundlichen oder unfreundlichen Sinn, oder sie werden ausgeübt zur Befriedigung der eigenen Lust oder Unlust, indem sie gerichtet sind gegen die eigene Person. In dem einen wie in dem andern Falle zählen sie immer wieder zu den Handlungen des subjektiven Rechts, sofern sie nur innerhalb der Grenzen der rechtlichen Freiheitssphäre bleiben; es sind subjektive, rechtlich relevante, oder subjektive, rechtlich irrelevante Rechtshandlungen. Setzt sich aber das subjektive Recht aus relevanten und irrelevanten Handlungen zusammen, so kann man daraus den Schluß ziehen, daß es selbst relevant oder irrelevant ist[9]).

Ebenso liegt kein Grund vor, vor dem zweiten Schlusse Halt zu machen: waren die subjektiven Rechtshandlungen gegen andere oder gegen sich selbst gerichtet, so ist auch das subjektive Recht, das die Zusammenfassung dieser Handlungen bedeutet, gerichtet entweder gegen andere oder gegen die eigene Persönlichkeit. Es ist möglich, daß meistens die rechtlich irrelevanten es sind, die sich gegen die eigene Person richten und demnach das subjektive Recht gegen sich selbst meist rechtlich irrelevant sind; das aber ist von untergeordneter Bedeutung. Denn man kann nie vorher sagen, ob eine Handlung rechtlich relevant oder irrelevant ist, da selbst die unerheblichste unter Umständen von Bedeutung sein kann[10])[11]). Es ist hier nicht von Belang die Erörterung

---

[9]) Thon S. 288 ff. ist der Meinung, daß nicht alle erlaubten Handlungen innerhalb der Rechtssphäre „Rechts"handlung sind, sondern auch Handlungen ohne Rechtscharakter sein können. — Einer ähnlichen Auffassung begegnet man in der staatsrechtlichen Literatur bei der Erklärung der Begriffe Grund- und Freiheitsrechte, die in Verfassungsurkunden deutscher Staaten zu finden sind. Eine weitere Stellungnahme zu dieser Frage soll einer späteren Gelegenheit vorbehalten bleiben, da sie über den Rahmen dieser Arbeit hinausgeht.

[10]) Ebenso Jellinek S. 99, S. 104 Anm. 2.

[11]) Beachtenswert ist auch die unterschiedliche Behandlung von Rechtshandlungen durch das objektive Recht; so muß man z. B. die Selbstverstümmlung

der Frage, ob die subjektiven Rechte gegen sich selbst in letzter Linie vielleicht doch, ihrem reellen Inhalt nach, gegen Dritte gerichtet sind, weil es zuvörderst darauf ankommt festzustellen, daß sie überhaupt existieren.

Man muß also annehmen, daß es Rechte gibt, die man gegen sich selbst ausüben darf; man kann demnach Rechte gegen sich selbst besitzen[12].

Es liegt nun auf der Hand, daß bei diesen Rechten, bei denen der Handelnde und der Duldende — oder auch beide Handelnde — ein und dieselbe Person sind, sich der Charakter des Rechts leicht verwischt, weil niemand als die eine, die eigene Person in Betracht kommt. Trotzdem muß man festhalten, daß es solche Rechte gegen sich selbst gibt, und daß sie sich nach der gegebenen Definition darstellen als Befugnisse gegen sich, zu handeln oder zu unterlassen, auch gegen den Willen anderer, ohne sich deshalb dem objektiven Rechtszwang auszusetzen.

Da den Rechten gegen sich selbst die Pflichten gegen sich selbst gegenübertreten, so entstehen und erlöschen sie, wie schon hervorgehoben, in einer Person und werden für die Außenwelt und das Rechtsleben leicht wertlos. Sie können aber doch von Wichtigkeit sein; besonders dann, wenn, wie bei den juristischen Personen, der Personenbegriff mit den beigelegten, menschlichen Eigenschaften erst von der Rechtsordnung geschaffen wurde[13]. Jedes dieser Wesen ist durch das Kollektive

---

eines weiblichen Wesens oder eines nicht militärpflichtigen Mannes als subjektive Rechtshandlung innerhalb der Rechtssphäre auffassen, weil sie straflos bleibt; die Selbstverstümmlung in der Absicht, sich dem Militärdienst zu entziehen als darüber hinausfallend, weil sie nach § 142 Str.G.B. strafbar ist. Gareis II. S. 98 führt in einem anderen Zusammenhang einige Beispiele an, die zeigen, daß das objektive Recht die Sphäre der rechtlichen Freiheit eng begrenzen kann. Siehe auch Gierke II. S. 709 I.

12) Anscheinend derselben Meinung: Leonhard S. 146 I.

13) Auf die große Streitfrage, die juristischen Personen betreffend, soll damit nicht eingegangen werden; es soll nur der faktisch bestehende Unterschied zwischen den physischen und juristischen Personen hervorgehoben werden. Aus der Fülle der Literatur seien nur Leonhard S. 100, 104 ff. und Jellinek S. 29, 245 herausgegriffen. (Literatur bei Behrend § 62.)

seiner Natur eine Art von Massenpersönlichkeit, die in sich mehrere Parteien vereinigen kann[14]). Hier entstehen Rechte und Pflichten gegen sich selbst nicht immer in demselben Personenbegriff und geben zu unlösbaren Verwirrungen Anlaß, wenn wir Rechte gegen sich selbst nicht zulassen wollen. Weil eine juristische Person mehrere Parteien in sich vereinigen kann — um nicht zu sagen: in sich vereinigen muß —, so ist damit auch die Erscheinung erklärt, daß ein Staat, der von ihm selbst ausgegebene Staatspapiere, die Reichsbank, die ihre eigenen Banknoten, die Hypothekenbank, die ihre eigenen Pfandbriefe besitzen, nicht wertlose Scheine in Verwahrung haben; denn sie können sehr wohl ihre eigenen Schuldner sein und Rechte gegen sich selbst haben[15]). Die Gesetzgebung hat es auch ausdrücklich bestätigt für die Reichsbank[16]) und für die Hypothekenbanken[17]). Man muß der Praxis nach für den Staat dasselbe Recht in Anspruch nehmen. Warum sollte man es nicht auch auf die A.-G. ausdehnen[18]), wenn das Gesetz nicht das Gegenteil vorschreibt? Es ist kein Grund vorhanden, es nicht zu tun. Will man entgegnen: nur da, wo es das Gesetz ausdrücklich vorschreibt, kann man von solchen Rechten reden, aber sonst nicht, weil dann diese Ausnahmevorschriften fehlen, so ist hierauf zu erwidern, daß

---

[14]) Ähnlich: Lehmann bei Goldschmidt Bd. 52 S. 619 Abs. 2, Rehm S. 469 IV.

[15]) Dasselbe ist auch der Fall, wenn eine physische Person die von ihr ausgegebenen, auf den Inhaber lautenden Schuldverschreibungen wieder an sich bringt.

[16]) Bankgesetz vom 14 März 1875 § 8 und Bekanntmachung des Reichskanzlers vom 15. Januar 1877 (in der Guttentagschen Gesetzessammlung Nr. 26) auf S. 60 Ziff. 2 und S. 143 II 2c. (bei Rehm S. 330b und 863 Anm. 3 „Bundesratsbekanntmachung" genannt.)

[17]) Hypothekenbankgesetz vom 13. März 1899; hier behandeln die §§ 5, 23, 24, 35, 41, 42 die Einstellung eigener Hypothekenpfandbriefe in die Aktiva der Bilanz.

[18]) Um die Gesetze auf die A.-G. auszudehnen braucht man — m. E. — nicht einmal die logische Expansionskraft des vorhandenen Rechtes anzunehmen (vergl. den Aufsatz von Stampe in der D.J.Z. 1905 Nr. 9 S. 418 ff.), weil der Tatbestand noch innerhalb des Gesetzesinhaltes liegt, wenn man annimmt, daß das Gesetz die Rechte gegen sich selbst kennt.

der Staat das Recht an eigenen Staatspapieren ausübt, die nicht als wertlos gelten, wenn er sie in Besitz hat, ohne daß dies je als ungesetzlich betrachtet wird, trotzdem eine diesbezügliche Gesetzesvorschrift nicht existiert.

Will man aber diesem Gewohnheitsrecht nicht allzuviel Bedeutung beilegen, so sei noch auf einige Stellen im Gesetz hingewiesen, die die Rechte gegen sich selbst behandeln; da eine dieser Gesetzesstellen auch bei den A.-G.en Anwendung finden kann, so geht man wohl nicht zu weit, wenn man auch für sie die gesetzliche Vorschrift in Anspruch nimmt und so obige Einwendung widerlegt. Anzuführen sind z. B. § 181 B.G.B., der einer Person unter bestimmten Voraussetzungen erlaubt, mit sich selbst zu kontrahieren; das Gegenstück dazu ist der Selbsteintritt des Kommissionärs § 400 H.G.B; ferner kommen in Betracht die §§ 889, 1009 Abs. 2, 1143, 1163, 1168, 1170, 1171, 1175, 1182, 1196, 1256 B.G.B, die dem Eigentümer Rechte gegen sich[19]) zugestehen.

In all diesen Paragraphen ist nicht nur vom Erlöschen der Rechte keine Rede, sondern auch nicht vom Ruhen der Rechte; diese werden also ausgeübt als Rechte gegen sich selbst; allerdings mit einem Resultat, das praktisch dem Ruhen der Rechte oft gleich kommt[20]).

Gibt man zu, daß es Fälle gibt, in denen vom Erwerb und Besitz von Rechten gegen sich gesprochen werden kann, so muß man auch zugeben, daß die A.-G. ebenfalls Rechte

---

Es scheint, daß Keyßner S. 222, gleich dem in der Arbeit vertretenen Standpunkt, kein Bedenken trägt, die A.-G. als Aktionär bei sich zuzulassen.

[19]) Rechte gegen sein Eigentum besitzen ist soviel wie Rechte gegen sich selbst haben, da man mit v. Jhering das Eigentum auffassen kann als die äußerste Peripherie des eigenen Ichs. In seinen Betrachtungen über die Eigentümerhypothek in der Festgabe für Dr. Koch kommt Kindel ebenfalls auf Rechte gegen sich selbst zu sprechen. Makower § 226 I a vergleicht das von der A.-G. erworbene Anteilsrecht bei sich selbst mit einer Eigentümerhypothek.

[20]) Auch Lehmann II. S. 75 spricht davon, daß die Vereinigung von Recht und Pflicht in einer Person oft nicht den Untergang des Rechtes zur Folge hat. Auch bei § 254 B.G.B. läßt sich von Rechten und Pflichten gegen sich selbst sprechen, wenn auch moralischer Natur, so doch mit juristischer Bewertung.

gegen sich erwirbt und besitzt, wenn sie bei einer Einkaufskommission für eigene Aktien diese noch als Eigentum in ihren Händen hat; denn hierbei wird sie behandelt wie der Kommissionär in § 400 H.G.B.[21]). Daß diese Rechte ruhen müßten, ist nirgends im Gesetz erwähnt, geschweige denn vorgeschrieben.

Man muß daher das Bestehen von Rechten gegen sich selbst annehmen, wie aus dem Vorstehenden hervorgeht. Ein weiteres Argument dafür ist folgendes: Gäbe es keine juristischen Rechte gegen sich selbst, so wäre damit die Streitfrage: Kann eine A.-G. mit eigenen Aktien, oder eine G. m. b. H. mit eigenen Anteilen in der Generalversammlung stimmen, sofort im verneinenden Sinne gelöst, weil sie keine Rechte gegen sich ausüben könnten. Dies wäre eine so selbstverständliche Folge der Negierung der Rechte gegen sich selbst, daß man sie nicht besonders auszusprechen brauchte. Wie aber steht es mit der Prämisse, wenn sich im Gesetz eine Stelle findet, die zeigt, daß die Conclusio doch nicht so selbstverständlich ist, daß sie nicht noch einmal hervorgehoben werden müßte? Man wird dann sagen müssen, daß die Prämisse nicht so unbedingt feststehend sein wird! Und in der Tat, so verhält es sich auch; gingen durch Konfusion alle Rechte unter, oder wären sie zum Ruhen verurteilt, was hätte es dann für einen Sinn, im Reichsgesetz vom 4. Dezember 1899, betr. die gemeinsamen Rechte der Besitzer von Schuldverschreibungen in § 10 Abs. 4 noch einmal ausdrücklich zu bemerken: „Der Schuldner ist für die in seinem Besitz befindlichen Schuldverschreibungen nicht stimmberechtigt[22]).“ Da hier das Stimmen nur auf Grund der Rechte gegen sich selbst stattfinden kann, so brauchte man es nicht zu verbieten, wenn die Rechte überhaupt nicht existierten oder ruhen müßten. Derselbe Schluß muß auch gezogen werden für die §§ 1063, 1072, 1197 Abs. 1, 1242 B.G.B.

---

[21]) Zustimmend Simon in einem gerichtlichen Gutachten, abgedruckt bei Holdheim Bd. 10 S. 97 ff., besonders S. 101.

[22]) Gläubiger und Schuldner sind in einer Person vereint und dürfen daher nach allgemeiner Ansicht ipso iure überhaupt nicht stimmen!

Will man trotzdem nach Überlieferung die Rechte gegen sich nicht gelten lassen, dann sollte man wenigstens diese Ansicht beschränken auf physische Personen. Wenn auch die juristischen Personen, mit den physischen übereinstimmend, erst durch das Gesetz ihre Rechtsfähigkeit erhalten[23]), so liegt deshalb doch kein Grund vor, den Vergleich der juristischen Person mit der physischen so weit zu treiben, daß man auch für sie dasselbe gelten lassen müßte, wie für jene, wo doch schon so viele andere Konsequenzen bei ihnen nicht zu ziehen sind. Sie haben doch gewiß existente Rechte gegen sich selbst!

Durch die Betrachtung der Rechte gegen sich selbst ist es möglich geworden, die Grundlage für eine einheitliche Beurteilung der Fragen zu gewinnen, die sich an den Erwerb eigener Aktien anknüpfen. Nicht angängig erscheint es, eine Trennung in der Behandlung vorzunehmen, so daß einmal die Aktie als Trägerin von Vermögensrechten, das andere Mal als Trägerin von Mitgliedschaftsrechten erscheint, und diese Trennung auch aufrecht zu erhalten dadurch, daß man bei den eigenen Aktien die Mitgliedschaftsrechte ruhen läßt, während die Vermögensrechte größtenteil als existent angenommen werden. Denn der Grundsatz: „ubi lex non distinguit, iudici, non licet distinguere" ist auch hier maßgebend. Weil nun die Aktie immer und zu jeder Zeit beide Elemente in sich vereinigt und das Gesetz eine Scheidung für die in Betracht kommenden Fälle nicht vornimmt, so mußte nach einem Standpunkt gesucht werden, der ermöglichte, sowohl die rechtlichen wie auch die wirtschaftlichen Eigenschaften der Aktie gleichzeitig alle bestehen oder alle untergehen zu lassen.

Wie aus dem Vorangegangenen folgt, führt das Vorhandensein der Rechte gegen sich selbst zur Aufrechterhaltung der Rechte, die sich aus dem Besitz eigener Aktien ergeben. Wenn manche der zu ziehenden Konsequenzen mit Recht als nicht in der Absicht des Gesetzgebers gelegen bezeichnet werden müssen, so darf dies nicht der gewonnenen Betrachtungsweise zur Last gelegt, sondern muß als in dem Gesetze selbst

---

[23]) Kisch bei Grünhut Bd. 29 S. 304, und Laband S. 471.

enthalten betrachtet werden. Ein nicht zu unterschätzender Vorteil aber erwächst aus dieser Auffassung: durch sie wird die Methode vermieden, die aus der Verneinung der Mitgliedschaft der A.-G. bei sich selbst die Rechte ruhen lassen muß, die aber dann, soweit sie für das Wirtschaftsleben wünschenswert sind, als Quasirechte zu neuem Dasein erstehen[24]).

Verhält man sich gegenüber den Rechten gegen sich selbst ablehnend, dann sollte man auch die Folgen mit all ihren Nachteilen auf sich nehmen.

Besonderer Teil.

II.

Die eigenen Aktien in bezug auf das Anteilsrecht am Gesellschaftsvermögen.

§ 3. a) Das Dividendenbezugsrecht.

Die Folgen, von denen am Schlusse des vorigen Paragraphen die Rede war, ergeben sich aus der Annahme, daß bei dem Besitze eigener Aktien durch die A.-G. die daraus entspringenden Rechte ruhen müßten. Von allen Autoren ist Cosack[1]) derjenige, der bezüglich ihrer am konsequentesten verfährt. Er nimmt volle Wertlosigkeit der eigenen Aktien an und damit auch ihre Bilanzunfähigkeit. Das Nähere hierüber soll indes erst weiter unten erörtert werden.

Außer Cosack treten u. a. Staub[2]), Lehmann[3]), Pinner[4]), Goldmann[5]) für das Ruhen der Mitgliedschaftsrechte der

[24]) Dies ist z. B. das Resultat der Betrachtungen, die Rehm S. 186 und 187 anstellt.

[1]) S. 636, 5c.

[2]) G. G. S. 198 Anm. 8 und vielleicht auch II. S. 681 Anm. 4.

[3]) II. S. 75.

[4]) S. 121 II 1.

[5]) S. 953 Ziff. 6d.

A.=G. beim Besitz eigener Aktien ein. Zunächst erscheint dies angängig; denn wenn in § 227 der Erwerb zur Vernichtung von Mitgliedsrechten behandelt wird, so wird wohl § 226 etwas anderes als die Vernichtung regeln wollen; es tritt jedenfalls beim Besitz nach § 226 keine Vernichtung der Rechte ein, sondern sie bleiben bestehen. Nun aber, so folgert man weiter, gibt es „logischerweise" keine Rechte gegen sich selbst, also ruhen sie, während die A.=G. Eigentümerin ihrer eigenen Aktien ist. Veräußert sie die Papiere, dann leben sie wieder auf.

Diese Beweisführung ist als richtig zu bejahen, soweit sie das Bestehen der Rechte aus §§ 226 und 227 folgert. Sie ist abzuweisen, sobald sie das Ruhen der Rechte proklamiert und dem Gesetz unterschiebt, daß es den Begriff der Rechte gegen sich selbst nicht anerkenne. Das Gesetz kennt, wie gezeigt wurde, diesen Begriff und hiernach sollen die Folgen der Mitgliedschaft bei sich selbst untersucht werden.

Einig sind wohl alle Autoren[6]), daß ohne weiteres eigen besessene Aktien aus dem Aktienkapital nicht ausscheiden, weil es dazu besonderer Verhaltungsmaßregeln, wie z. B. bei der Herabsetzung des Grundkapitals usw., bedarf. Es sind daher die Eigenschaften der Aktie in bezug auf das Anteilsrecht in Betracht zu ziehen.

Was das Dividendenbezugsrecht anbelangt, so lassen es Rehm[7]) und Lehmann[8]) bestehen; ebenso Staub[9]) und zwar ohne Begründung. Drei Jahre später (1903) begründet Staub seine Meinung in bezug auf die Anteile einer G. m. b. H.[10]), wobei er aber zum entgegengesetzten Resultate gelangt. Man wird nicht fehlgehen, dies auch für seinen Standpunkt betreffs der Aktien anzusehen. Danach geht

---

[6]) Vergl. z. B. Staub II. S. 681 Anm. 4; Rehm S. 470 VIII; Pinner S. 121 II 2; Lehmann=Ring § 261 Nr. 17; Lehmann II. S. 86.

[7]) S. 469 IV.

[8]) II. S. 86.

[9]) II. S. 681 Anm. 4.

[10]) G. G. S. 197.

der Anspruch auf Dividenden, die während der Besitzzeit der A.-G. fällig werden, durch Konfusion unter.

Beispiel zur Theorie von Staub: Eine A.-G. besitzt bei 1 000 000 Mk. Grundkapital 100 000 Mk. eigene Aktien; der verteilungsfähige Gewinn beträgt nach Abzug der gesetzlichen und statutarischen Rücklagen 100 000 Mk. Die Bilanz lautet:

I.

Aktiva:		Passiva:	
An Aktiven	1 200 000	Grundkapital	1 000 000
		Reservefonds	100 000
		Gewinn = 10 % Dividenden	100 000
	Mk. 1 200 000		Mk. 1 200 000

Angenommen, die A.-G. überweist den zur Einlösung der Dividenden nötigen Betrag ihrem Bankier, so braucht sie nur 90 000 Mk. abzugeben, weil nur in Höhe dieser Summe Dividenden auszubezahlen sind; denn sie selbst mit ihrem Aktienbesitz von 100 000 Mk. hat keinen Anspruch darauf und für mehr wie für 900 000 Mk. Aktien sind nicht in fremden Händen. Natürlich ist dasselbe der Fall, wenn die A.-G. nicht das bare Geld überweist, sondern ihren Bankier anweist, auszuzahlen durch Belastung ihres Kontos. Das Charakteristische der Konfusion ist, daß die Buchung der Spezialforderung der A.-G. unterbleibt, sowohl im Gewinn- und Verlustkonto als auch im Bilanzkonto und in der Gewinnverteilungsaufstellung; es darf also nicht heißen:

II.

Aktiva:		Passiva:		
An Aktiven	1 200 000	Grundkapital		1 000 000
		Reservefonds		100 000
		Gewinn		100 000
		davon 10 % Dividenden auf 900 000 Mk. = 90 000 Mk.		
		10 % Div. auf 100 000 Mk. eigene Aktien	= 10 000	
			100 000	
	Mk. 1 200 000			Mk. 1 200 000

Der Vorgang spielt sich aber im Effekt genau so ab, wie diese Buchung ergibt; denn man darf sich nicht vorstellen, als ob der Untergang des Dividendenanspruches durch Konfusion sich dadurch dokumentierte, daß die eigenen Aktien bei der Berechnung aus dem Gesellschaftsvermögen ausschieden[11]). Dies ist nicht angängig, weil keine Einziehung vorliegt. Auch Staub[12]) zieht aus seiner Auffassung dasselbe Resultat, das er in folgende Worte kleidet[13]): Die Herrschaftsrechte ruhen, die Gesellschaft kann nicht stimmen, nicht Anträge stellen usw., „aber trotzdem besteht die Aktie (der Geschäftsanteil) und wird mitgezählt und kommt dadurch als Rechnungsfaktor zur Geltung"[14]). Das heißt aber doch, daß der verteilungsfähige Gewinn von 100000 Mk. nicht als 11,11 % auf 900000 Mk. ausgeschlagen wird, sondern als 10 % auf 1000000 Mk. Weil nun die 10000 Mk., die auf die A.-G. entfallen, nicht eingelöst werden, so figurieren sie als Gewinnvortrag in der nächsten Bilanz; nimmt man für diese wiederum 100000 Mk. neuen verteilbaren Gewinn an, so lautet sie:

III. Aktiva:		Passiva:		
An Aktiven	1210000	Grundkapital		1000000
		Reservefonds		100000
		Verteilbarer Gewinn des diesjährigen Geschäftsjahres =	100000	
		Verteilbarer Gewinn vom vorigen Jahr	10000	
			110000	
		Gewinn = 11 % Dividenden		110000
Mk.	1210000	Mk.		1210000

[11]) Dies scheint aber Thöl II. S. 36 anzunehmen, wenn er sagt: „Ein Aktionär schenkt Aktien, deren Betrag voll einbezahlt ist, der A.-G. Dadurch hat niemand einen Nachteil; die Wirkung ist nur, daß die übrigen Aktionäre eine größere Dividende erhalten (weil der Gewinn, welcher auf jene Aktien fallen würde, nun auf ihre Aktien verteilt wird), überhaupt einen größeren Anteil am Gesellschaftsvermögen erhalten."

[12]) II. S. 681 Anm. 4.

[13]) G. G. S. 197 Anm. 8.

[14]) Es sei an dieser Stelle gestattet anzufügen, wie verschieden sich die Rechte — abgesehen von den oben angeführten —, die sich aus dem Besitz

Von dem Gewinn von 110000 Mk. werden verbraucht zur Ausbezahlung der Dividenden 99000 Mk.; der Rest von 11000 Mk. kommt als Vortrag in die nächste Bilanz und wirkt ebenso wie der diesjährige Rest.

Auf diese Weise werden die Dividenden der eigenen Aktien zu einer Art Rücklage, die den Gewinn vergrößert und den Aktionären zu gute kommt. Unbedingt nötig ist es allerdings nicht, daß der Rest als Gewinnvortrag gebucht wird; er kann auch als irgend ein Spezialkonto erscheinen oder zu den Reserven geschlagen werden. Immer aber steht er auch auf der Passivseite!

Einflußlos ist der Besitz eigener Aktien, auch bei Verneinung des Dividendenbezugsrechtes für eigene Aktien, auf die Höhe des Reingewinnes; denn seine Berechnung und prozentuale Festsetzung ist dieselbe, ob die A.-G. eigene Aktien besitzt oder nicht. Damit ist zugleich festgestellt, daß auch die Höhe der Tantièmen des Vorstandes und besonders des Aufsichtsrates[15]) von ihm unabhängig ist. Obwohl Staub das Dividendenbezugsrecht untergehen läßt, so ist das praktische Resultat doch dasselbe, wie wenn man das Bezugsrecht als bestehend annimmt.

Wie schon erwähnt, läßt es Rehm bestehen[16]). In seiner

---

eigener Aktien ergeben, nach Staub gestalten: er nimmt an, 1. daß die Verpflichtungen, die an der Aktie haften, aber während der Zeit des Besitzes nicht fällig werden, ruhen und später bei Veräußerung wiederaufleben; 2. daß die während des Besitzes fällig werdenden Verpflichtungen dagegen für immer untergehen. (Danach ist folgendes möglich: Ein Angestellter einer A.-G. läßt durch einen Dritten die Dividendenscheine, die er unerlaubter Weise von den eigenen Aktien der A.-G. abtrennte, an einer Bank einlösen und behält das Geld für sich; die Bank könnte nun nicht bei Präsentation der Scheine bei der A.-G. auf Zahlung dringen, weil die Verpflichtung zu zahlen durch Eigenbesitz erloschen wäre.)

[15]) §§ 237 und 245 H.G.B. Erwähnt sei, daß Vergütungen anderer Art — also nicht vom Reingewinn — nebenbei gewährt werden können, vergl. Esser bei Holdheim Bd. 11 S. 196.

[16]) Ebenso Pinner S. 121 II 1; Lehmann, der das Dividendenrecht ebenfalls bestehen läßt, tritt dabei eigentümlicher Weise dafür ein, daß das Bezugsrecht der A.-G. auf neue Aktien nicht ausgeübt werden darf, während er für

Begründung scheint er nicht ganz konsequent; denn S. 469 III. führt er aus, daß aus der rechtlichen Unmöglichkeit der Mitgliedschaft bei sich selbst ein Ruhen des Aktienrechtes folge; trotzdem fährt er auf derselben Seite unter IV. fort: „Unter aller Umständen hat der Erwerb aus § 226 Rechtsfolgen und zwar alle, welche das Aktieneigentum mit sich bringt. Es ist kein Grund vorhanden, warum der A.-G. nur das Recht auf die Liquidationsquote und nicht auch das Stimmrecht zustehen sollte."

Als einfache und logische Schlußfolgerung dagegen erscheint das Recht auf Dividenden bei der Annahme der Rechte gegen sich selbst. Es ist also als bestehend anzunehmen. Die Art der Buchung, wie sie S. 14 unter II. erscheint, ist bei dieser Ansicht erlaubt; will man die Verhältnisse der A.-G. in der Weise klarlegen, so steht nichts im Wege sie anzuwenden.

b) Das Recht auf Liquidationsquoten.

Ein weiteres Aktienrecht ist das Recht auf die Liquidationsquote; auch dieses muß der A.-G. für ihre eigenen Aktien zugebilligt werden. Beispiel: eine A.-G. mit einem Grundkapital von 1000000 Mk. befindet sich in Liquidation; an verteilbarer Masse sind 800000 Mk. vorhanden (= 80 %). Im Eigentum der Gesellschaft befinden sich außerdem 200000 Mk. eigene Aktien. Es entfallen somit:

auf die 800000 Mk. Aktien in Händen 3er Aktionäre 640000 Mk.
„ „ 200000 „ „ „ „ der A.-G. 160000 „

Diese 160000 Mk. fallen in das Vermögen der A.-G. und stellen ihrerseits wieder verteilbare Masse vor. Demgemäß werden sie verteilt zwischen der A.-G. und den drei Aktionären; dies wiederholt sich, bis die gesamte Masse verteilt ist. Tabellarisch zusammengestellt ergibt sich:

1. Verteilung auf	800 000 Mk. Aktien	—	640 000 Mk. Masse	oder 80 %
	200 000 „ „	—	160 000 „ „	
2. Verteilung auf	800 000 „ „	—	128 000 „ „	oder 16 %
	200 000 „ „	—	32 000 „ „	

statthaft erklärt, daß sie an Stelle ihrer ausgelosten, eigenen Aktien sich Genußscheine ausstellen darf (II. S. 86).

3. Verteilung auf	800 000	Mk.	Aktien	—	24 800	Mk.	Masse	oder 3,1 %
	200 000	„	„	—	2 400	„	„	
4. Verteilung auf	800 000	„	„	—	5 120	„	„	oder 0,64 %
	200 000	„	„	—	1 280	„	„	

usw.

Schließlich müssen die auf eigene Aktien entfallenden Quoten den Aktionären ganz zu gute kommen; es werden zuletzt in diesem Beispiel 100 % verteilt, das heißt, gerade so viel Prozente, als wenn die im Besitz der A.-G. befindlichen Aktien überhaupt nicht an den Liquidationsquoten partizipierten, und die 800 000 Mk. Masse von vornherein auf die in Händen Зer Aktionäre befindlichen Aktien in Höhe von 800 000 Mk. als 100 % verteilt worden wären. Die praktischen Folgen sind also die nämlichen, ob das Recht existiert oder untergeht[17]).

III.

Die eigenen Aktien als Träger der gesellschaftlichen Herrschaftsrechte.

§ 4. Das Stimmrecht.

Eines der wichtigsten Rechte aus der Aktie ist das Stimmrecht. Rehm[1]) will zulassen, daß die A.-G. vermöge ihrer eigenen Aktien stimmt, obwohl er ein Ruhen der Mitgliedsschaftsrechte annimmt; wenn aber bei irgend etwas auch die persönliche Mitwirkung des Mitgliedes nötig ist, so ist es bei der Ausübung des Stimmrechtes; letzteres zu bejahen und die Mitgliedschaft zu verneinen, scheint nicht angängig zu sein. Cosack wird wohl dagegen sein, da er annimmt, daß die A.-G. nicht ihr eigener Aktionär sein kann; da eine Aktie nur Stimmrecht gewährt, wenn ihr Inhaber Aktionär oder dessen Vertreter ist[2]), so ergibt sich damit

---

[17]) Über die Berechnung der Masse beim Vorhandensein eigener Aktien siehe S. 46.

[1]) S. 469 IV.

[2]) Aus § 252 Abs. 1 und 2.

Stimmunfähigkeit. So auch Lehmann[3]). Pinner[4]) ist auch dagegen mit der Begründung, daß „selbstverständlich die Mitgliedsrechte ruhen". Staub[5]) ist derselben Meinung, weil er annimmt, daß die gesellschaftlichen Herrschaftsrechte ruhen. Ferner auch ohne Begründung A. Meyer[6]).

Als Folge der Existenz der Rechte gegen sich selbst besteht das Stimmrecht, ein Resultat, das dem von Rehm konform ist, wenn auch mit anderer Begründung.

Maßgebend für das Stimmrecht ist § 252, der jeder Aktie Stimmrecht gewährt. Diese Norm ist ius cogens und kann durch den Gesellschaftsvertrag nicht abgeändert oder begrenzt werden[7]). Die einzigen Ausnahmen, die das Gesetz erlaubt, sind die Verminderung der Stimmen, wenn ein Aktionär mehrere Aktien besitzt und die Stimmenthaltung des § 252 Abs. 3. Sonstige Einschränkungen kennt das Gesetz nicht. Dies festzustellen ist wichtig; denn somit ist gesetzlich kein Grund gegeben, der gegen das Stimmen der A.-G. spricht. Der Einwand derer, die sagen: Das Gesetz verbietet das Stimmen, wenn auch nicht ausdrücklich, so doch implicite, weil es die Rechte gegen sich selbst hier nicht anerkennt und demnach auch die Folgen, die daraus entspringen, nicht zuläßt, wird durch die Gesetzgebung selbst widerlegt. Denn 1. kennt das Gesetz die Rechte gegen sich selbst, wie verschiedentlich nachgewiesen wurde, und es hätte daher eines besonderen Verbotes an dieser Stelle bedurft, wenn die Folgen nicht eintreten sollten, 2. braucht nur noch einmal auf das

---

[3]) II. S. 80.

[4]) S. 121.

[5]) II. S. 681 Anm. 4 und G. G. S. 197. Man könnte mit Simon III. S. 257 aber aus Staubs Anmerkung I. zu § 252 folgern, daß jeder Besitzer der Aktie, auch der bösgläubige usw. stimmberechtigt ist und daraus dann den weiteren Schluß ziehen, daß auch schon deshalb die A.-G. stimmberechtigt sei und Staub sich demnach widerspreche.

[6]) S. 48.

[7]) Ausnahmen können bestehen bei A.-G.en, die vor dem 18. Juli 1884 gegründet wurden, da der § 4 des Gesetzes vom 18. Juli 1884, der Abweichungen gestattet, auch heute noch gilt. Vergl. Staub II. S. 765 Anm. 26 und Rieser S. 146, 150, 151; siehe aber Lehmann bei Goldschmidt Bd. 48, S. 119.

bereits zitirte Gesetz vom 4. Dezember 1899 betr. die gemeinsamen Rechte der Besitzer von Schuldverschreibungen hingewiesen zu werden, das in seinem § 10 Abs. 4 ausdrücklich für den Fall, in dem Gläubiger und Schuldner in einer Person sich vereinigen — d. h. Rechte gegen sich selbst bestehen — das Stimmen untersagt. Hätte es dieses Paragraphen bedurft, wenn das Verbot selbstverständlich wäre? Gewiß nicht![8]) Daraus ergibt sich, daß ein allgemeines Verbot gar nicht existiert und demnach auch nicht für die A.-G. Nun fehlt aber eine solche Einschränkung, wie die des § 10 Abs. 4 des Gesetzes vom 4. Dezember 1899 in § 252 für die A.-G. und ihre eigenen Aktien; folglich ist nach dem Gesetz das Stimmen auch dann erlaubt, wenn Rechte und Pflichten sich in einer Hand

---

[8]) Noch eine zweite Einwendung könnte vielleicht gemacht werden: das Gesetz vom 4. Dezember 1899 sei entstanden, nachdem das H.G.B. bereits vor mehr als zwei Jahren publiziert worden war; da sich in diesen Jahren der Mangel einer Vorschrift, die das Stimmen in dem bewußten Falle verbietet, herausgestellt habe, so fügten die Redaktoren das Verbot in dieses Gesetz ein, um eine Direktive zu geben.

Hierauf läßt sich erwidern, daß sicherlich — auch bei der Abneigung gegen Novellen — im H.G.B. ein diesbezüglicher Zusatz gemacht worden wäre, und man sich nicht mit dem Hinweis im Gesetz vom 4. Dezember 1899 begnügt hätte, wenn sich ein Mangel nach dieser Richtung hin herausgestellt haben würde, denn gerade die Frage des Stimmens oder Nichtstimmens ist von großer prinzipieller und praktischer Bedeutung.

Man soll sich auch nicht verleiten lassen anzunehmen, daß das Verbot nur deshalb nicht ausgesprochen wurde, weil das Stimmen „selbstverständlich" untersagt sei: als Beispiel zitiert man dann das B.G.B., das in seinem IV. Buch 2. Titel die Erfordernisse, die zur Schließung der Ehe nötig sind, aufstellt und dabei nicht erwähnt, daß zweierlei Geschlecht Voraussetzung ist. Es dürfen nun, so fährt man fort, zwei Männer sich nicht heiraten, trotzdem es nicht im Gesetz verboten ist und analog darf auch nicht von der A.-G. gestimmt werden, trotzdem das Verbot fehlt, denn beides ist eben „selbstverständlich".

Dieser Analogieschluß hat aber den Fehler, daß er an etwas, was tatsächlich selbstverständlich ist, einen Fall anknüpft, der durch nichts das Epitheton „selbstverständlich" verdient, sondern höchstens eine Streitfrage genannt werden kann. Wenn auch für die Praxis das Versagen des Stimmrechtes wünschenswert sein mag, so darf dieser Wunsch doch nicht dazu verleiten, aus dem Gesetz heraus zu interpretieren, was nicht in ihm steht. Wie oft kommt es vor, daß die Gesetze das nicht enthalten, was wünschenswert ist!

vereinigen, mit anderen Worten, wenn Rechte gegen sich selbst entstanden sind. Es ist die A.-G. also imstande, auf Grund eigener Aktien zu stimmen, bei Inhaberaktien ohne weiteres, vorausgesetzt, daß sie die im Gesellschaftsvertrag vorgeschriebenen Formalitäten [9]) durch die Organe erfüllen läßt; bei Namensaktien dann, wenn sie gemäß §§ 222, 223 in das Aktienbuch eingetragen ist. Ausgeübt wird das Stimmrecht durch den Vorstand der A.-G. [10]). Will die A.-G. mit dem Vorstand ein Rechtsgeschäft abschließen [11]), so stimmt der Aufsichtsrat [12]). Soll der Vorstand entlastet werden, so ist auch hier der Aufsichtsrat stimmberechtigt; denn die Entlastung ist zu den Rechtsgeschäften zu zählen, die in § 247 Abs. 1 erwähnt sind.

Sollen sowohl Vorstand wie Aufsichtsrat entlastet oder von einer Verpflichtung befreit werden, wie es z. B. bei der Genehmigung der Bilanz von seiten der Generalversammlung der Fall ist, so ist die Ausübung des Stimmrechtes beschwerlicher [13]). Ein eventuell bestehender Verwaltungsrat ist, da er nur eine Abteilung des Aufsichtsrates sein kann, ausgeschlossen. Die Revisoren, die als außerordentliche Organe behandelt werden müssen, kann man auch nicht heranziehen, weil unter ihren Wirkungskreis, der in § 266 genau gekennzeichnet ist, das Stimmen nicht fällt. Für den Ausnahmefall einer Liquidation wird man den Liquidatoren die Ausübung des Stimmrechtes zusprechen müssen, sofern sie nicht aus den Mitgliedern des Vorstandes oder Aufsichtsrates entnommen sind, da dies zu ihrem Geschäftskreis [14]) wohl

---

[9]) § 252 Abs. 4.

[10]) Folgt aus § 231 Abs. 1.

[11]) § 252 Abs. 3 Satz 2.

[12]) § 247 Abs. 1; hierbei müssen beim Mangel anderweitiger statutarischer Bestimmungen sämtliche Mitglieder des Aufsichtsrats gemeinsam handeln oder Vollmacht erteilen (Urteil des R.G. I. Ziv.-Sen. vom 23. Dezember 1903; abgedruckt bei Holdheim Bd. 13 S. 75).

[13]) Werden alle Aktionäre gleichmäßig von einer Verpflichtung befreit, so stimmt für die A.-G. der Vorstand; ähnlich Makower S. 561 V 2 für den Fall, daß nur drei Aktionäre in Frage kommen.

[14]) § 298.

gehören mag. Im regelmäßigen Betriebe kommen noch in Betracht die Stellvertreter[15]), die eine A.-G. neben ihren Organen besitzen kann. Man wird annehmen müssen, daß sie das Stimmrecht ausüben können, da sich das Abstimmen darstellt als eine Vertretung der A.-G., die zum Wirkungskreis eines Prokuristen gehört, weil sie zum Betriebe des Handelsgewerbes[16]) nötig ist[17]). Wie gestaltet sich aber die Ausübung des Stimmrechtes, wenn kein Prokurist vorhanden ist? Wollte der Vorstand oder der Aufsichtsrat doch stimmen, so wäre dies ungesetzlich; trotzdem bestünde die Abstimmung[18]), wenn sie nicht gemäß § 271 angefochten würde.

Nicht angängig erscheint folgender Ausweg, der auf einer Wortinterpretation des § 252 Abs. 3 beruht: Der Paragraph nimmt dem Vorstand und Aufsichtsrat das Stimmrecht und erlaubt auch nicht, es für Andere auszuüben; nicht ist aber gesagt, daß die Übertragung verboten sei. Es heißt: „Wer ... entlastet werden soll ... hat hierbei kein Stimmrecht"; folglich haben sie es vorher und solange sie es besitzen, können sie es auch übertragen und durch Bevollmächtigte oder durch Strohmänner[19]) ausüben lassen.

---

[15]) § 238 bespricht die Ernennung solcher Stellvertreter (Prokuristen).

[16]) § 49.

[17]) Dieser Fall ist ein eigentümlicher, weil hier ausnahmsweise einem Prokuristen eine größere Vertretungsmacht eingeräumt wird, als dem zu entlastenden Vorstand und Aufsichtsrat.

[18]) Vergl. Staub II. Anm. 13 zu § 252, Lehmann II. S. 212, R. und F. Esser S. 133; bevor die Aktiennovelle erschienen war (1882), verfocht F. Hecht II. S. 29 ff. mit eigentümlicher Begründung den Satz, daß Vorstand und Aufsichtsrat auch bei ihrer Entlastung stimmberechtigt sein sollen.

[19]) Hierzu sei bemerkt, daß nur das entgeltliche Abtreten der Aktien an den Strohmann durch § 318 bestraft wird. Die unentgeltliche Abtretung wird heute allgemein geübt (Staub II. Anm. 6 zu § 318, Ring S. 595 Art. 249 ff.). Man wird daher in der Entscheidung des R.G. Bd. 38 S. 259 unter: „die gesetzlich unzulässige bloße Abtretung des Stimmrechtes der Aktien" die entgeltliche Abtretung zu verstehen haben. Anderes gilt dagegen im Gesetz vom 4. Dezember 1899. Hier wird nach § 21 sogar das unentgeltliche Überlassen von Schuldverschreibungen, die dem Schuldner gehören, bestraft, wenn damit das Stimmrecht, das diesem verboten ist, ausgeübt werden soll. (Über die Beseitigung des Strohmännertums siehe G. Bachmann S. 98.)

Es ist aber offensichtlich, daß diese Handlung gegen den Sinn des Gesetzes verstößt; gegen sie würde Anfechtung nach § 271 möglich sein.

Es scheint ferner nicht erlaubt zu sein, eine Unterscheidung in der Übertragung zu machen und zu sagen: wenn auch der Vorstand oder Aufsichtsrat auf Grund ihrer Aktionäreigenschaft niemanden zur Abstimmung bevollmächtigen dürfen, während sie zur Stimmenthaltung verurteilt sind und auch nicht für andere das Stimmrecht ausüben können, so ist es ihnen doch gestattet, bei Pflichtenkollision diejenigen Pflichten, die sie in ihrer Eigenschaft als Vorstand bezw. Aufsichtsrat nicht selbst ausüben können, durch andere ausüben zu lassen. Demgemäß können sie jeden Dritten an ihrer Stelle mit der Ausübung des Stimmrechtes für die A.-G. betrauen. Denn hier ist der Tatbestand ein anderer wie bei der Abstimmung auf Grund eigener Aktien, weil die Entschließung, ob überhaupt für die A.-G. abgestimmt werden soll, und im bejahenden Falle mit wieviel Aktien und in welchem Sinne, von allen Mitgliedern des Vorstandes abhängt, der vielleicht noch den Aufsichtsrat zur Entscheidung hinzuzieht. Es kann schließlich ein einzelner überstimmt[20]) und — solange nicht § 252 Abs. 3 in Betracht kommt — am Ende zur Ausübung des Stimmrechtes gezwungen werden. Es hängt also die Abstimmung aus Amtspflicht von mehr als der Selbstentschließung ab; sie ist vielmehr eine Vorstandspflicht; diese aber darf man nach den Regeln über Vertretung auch durch andere ausüben lassen.

Diese Unterscheidung in der Übertragung erscheint um deswillen nicht gerechtfertigt, weil sie dem Gesetze fremd ist; es verbietet dem, der entlastet wird, weder für sich noch für andere zu stimmen, sei es auf Grund seiner Aktionäreigenschaft, sei es auf Grund seiner Amtspflicht. Darin liegt auch, daß ihm eine Abstimmung durch einen Bevollmächtigten oder Strohmann nicht erlaubt ist, weil dies eine Erweiterung

[20]) Denn ein mehrgliedriger Vorstand führt kollektiv die Geschäfte, wenn die Statuten nicht anders bestimmen.

seiner Rechte über die gesetzliche Grenze hinaus darstellen würde[21]).

Als Fazit ergibt sich, daß mit den eigenen Aktien einer A.-G. nicht abgestimmt werden kann, wenn Vorstand und Aufsichtsrat entlastet werden sollen und außer ihnen niemand befugt ist, die Gesellschaft zu vertreten.

Hält man es für wünschenswert, daß die eigenen Aktien bei der Abstimmung berücksichtigt werden, so mag man von vornherein einen Prokuristen anstellen[22]), der die Abstimmung besorgen kann. Instruiert wird er vom Vorstand, oder von Vorstand und Aufsichtsrat.

Sind betreffs der Anzahl der Stimmen Beschränkungen im Gesellschaftsvertrag festgesetzt, so gelten diese auch für die Aktien der A.-G.

Wäre es einer A.-G., die eigene Aktien besitzt, nicht möglich zu stimmen, so wäre sie für den Fall, daß sie alle Aktien weniger einer besäße, gegenüber dem Inhaber dieser einen Aktie in der Generalversammlung zum Stillschweigen und Dulden verurteilt, und dieser eine Aktionär oder sein Vertreter könnte die Geschicke der A.-G. nach seinem Wunsche lenken[23]). Liegt der Fall nicht so kraß wie dieser, so ist doch immer noch für die A.-G. eine unangenehme Lage geschaffen[24]). Hat sie z. B. bei 1 000 000 Mk. Grundkapital für 800 000 Mk. eigene Aktien, so ist sie, wenn man sie zur Stimmlosigkeit verurteilt, an die Beschlüsse einer kleinen Minderheit gebunden. Im allgemeinen ist dies nicht wünschenswert; denn so kann

---

[21]) Begründung bei Staub II. S. 675 Anm. 5 und S. 947 Anm. 11 für drei Aktionäre, den Vorstand usw.

[22]) Siehe S. 22.

[23]) Für den Fall, daß nur drei Aktionäre in Frage kommen, analog: Cosack S. 625, R. G. Bd. 34 S. 116, Lehmann II. S. 187, 512 ff., R. und F. Esser S. 126.

[24]) Natürlich ist die A.-G. jederzeit in der Lage, durch Abstoßung ihres Aktienbesitzes diesem Zustand ein Ende zu bereiten; es lassen sich jedoch die Möglichkeiten nicht von der Hand weisen, daß der Erwerb eigener Aktien aus irgend welchen Gründen nötig gewesen war und die Veräußerung aber wegen Kursverlusten nicht angängig ist; damit ist eine solche unangenehme Situation gegeben.

ein kleiner Kreis seine Sonderinteressen verfolgen, während bei größerer Beteiligung mehr Widerspruch vorhanden ist, und die Mehrzahl der Aktionäre doch wohl nur solche Beschlüsse faßt, die dem Wohle der Gesellschaft förderlich sind. Es soll aber nicht verkannt werden, daß auch ebenso oft die Unkenntnis einer großen Zahl von Aktionären nachteilig wirken kann[25]. Werden nicht anwesende Aktionäre[26] geschädigt durch einen Beschluß einer Minderheit in einer Generalversammlung, so kann man ihnen vorhalten, daß sie ihr Stimmrecht hätten ausüben können. Einer A.-G. kann man diesen Vorwurf nicht machen, wenn man sich auf den Standpunkt stellen wollte, daß ihr das Stimmrecht abgehe. Damit wäre ihr auch untersagt, die Aktien zur Abstimmung zu verleihen[27]. Obwohl die A.-G. stimmberechtigt ist, so ist ihr doch ein Scheinverkauf zur Ausübung des Stimmrechtes oder eine entgeltliche Verleihung[28] nach § 317 Abs. 2 verboten.

Erlaubt ist ihr ein Reportgeschäft[29] mit ihren eigenen Aktien, um den Käufer das Stimmrecht ausüben zu lassen[30]; nur darf es kein Scheingeschäft sein. Ist es tatsächlich abgeschlossen, wenn auch zu dem Zwecke, den Aktienbesitz der A.-G. zum Stimmen zu benutzen, so muß es als gültig an-

---

[25]) Ebenso Lehmann II. S. 152.

[26]) Die indifferenten Aktionäre charakterisiert sehr gut F. Hecht II. S. 24.

[27]) Analog wie beim Vorstand S. 23. Man würde auch annehmen müssen, daß das Verleihen der Aktien auch dann untersagt wäre, wenn die A.-G. zwar weder bevollmächtigt noch einen Strohmann stellt, sondern sich auf Bitten eines Aktionärs herbeiläßt, ihm ihre Aktien zur Ausübung des Stimmrechtes zu überlassen.

[28]) Sollte besser heißen: entgeltliche „Hingabe", da im Wesen der Leihe Unentgeltlichkeit liegt nach § 598 B.G.B; derselben Meinung ist Makower S. 772 IV.

[29]) Definition bei Thöl I. S. 376 ff.; Gareis I. S. 378 III; von Völderndorff S. 514; Pinner S. 122; Kautsch S. 163 usw.

[30]) Vergl. von Völderndorff S. 780, R. u. F. Esser S. 249, Kayser S. 192, Simon III. S. 297, Petersen und von Pechmann S. 628 für drei Aktionäre. Nebensächlich ist, ob der Rückkauf als Erwerb anzusehen, und ob das Reportgeschäft deshalb nach § 226 verboten ist; denn dieser Paragraph greift hier nicht Platz, weil Verkauf und Kauf nicht im „regelmäßigen Geschäftsbetrieb" erfolgen.

erkannt werden[31]). Freilich trägt hierbei die A.-G. das Risiko, daß der Käufer, der Eigentümer der reportierten Aktien wird, am Ende doch anders stimmt, als sie mit ihm vereinbart hatte. Sie kann dann gegen ihn aus dem Vertrag klagen, muß sich aber das Resultat der Abstimmung gefallen lassen[32]).

Es wurde oben der Fall gestreift, daß eine A.-G. alle Aktien weniger einer in ihrem Besitz habe. Wie verhält es sich, wenn sie alle Aktien besitzt? Da angenommen wurde, daß die A.-G. alle Aktionärrechte so wie -pflichten gegen sich selbst besitzt, so kann sie auch alle ausüben. Aus der Natur der Dinge ergibt sich, daß sie z. B. nicht ausüben wird die Sonderrechte der §§ 257, 263. In der Generalversammlung kann sie gültige Beschlüsse fassen. Die Abstimmung erfolgt nach den entwickelten Grundsätzen; dabei ist anzunehmen, daß ihr das Stimmrecht aus Gründen des § 252 Abs. 3 nie versagt ist[33]). Der Stimmausübende ist so zu wählen, daß er nicht durch § 252 Abs. 3 gehindert wird.

In all den Fällen, in denen der Vorstand und Aufsichtsrat an der Ausübung des Stimmrechtes wegen Entlastung nicht gehindert sind, bedeutet ihre Wiederwahl Selbstwahl.

Bestimmt der Gesellschaftsvertrag, daß eine Mindestzahl von Aktionären bei der Beschlußfassung in der Generalversammlung zugegen sein muß, dann kann ein Beschluß, den eine A.-G. als alleinige Besitzerin der Aktien faßt, zwar zustande kommen, allein er ist anfechtbar. Praktisch hat dies wenig zu bedeuten, weil nur der Vorstand und der

[31]) Ebenso Makower S. 772; a. M. Staub II. S. 946 Anm. 6.

[32]) Einen ähnlichen Fall hatte das O.L.G. Hamm zu beurteilen (Urteil vom 27. September 1905, abgedruckt bei Holdheim Bd. 14 S. 301 ff.) in der Hiberniaaffäre. Es entschied, daß auf Grund reportierter Aktien auch gegen das Interesse des Reporteures gestimmt werden könne, und daß höchstens Anfechtung inbezug auf Treu und Glauben möglich, während § 138 B.G.B. nicht anzuwenden sei.

[33]) Das Gegenteil kann der Fall sein, wenn die A.-G. nur aus einem dritten Aktionär besteht; Lehmann II. S. 188.

Aufsichtsrat anfechten können[34]); sie werden aber wohl kaum davon Gebrauch machen, weil ja nach ihrer Meinung abgestimmt wird. Dagegen können die eventuell geschädigten Gläubiger im Prozeßwege die Feststellung der Ungültigkeit der Beschlüsse bewirken, sofern nicht nur Statutenverletzung, sondern auch Verletzung zwingender Rechtssätze vorliegt[35]).

Konsequentermaßen gehen mit dem Besitz aller Aktien durch die A.-G. die Minderheitsrechte verloren, da sie praktisch hinfällig werden[36]).

Ebenfalls fallen weg die qualifizierten Mehrheitsbeschlüsse der §§ 205, 207, 243, 254, 264, 266, 268, 270, 303, 304, 307 u. a. m. Das außerordentliche Berufungsrecht zu einer Generalversammlung in § 254 wird gegenstandslos[37]).

Besitzt die A.-G. alle Aktien, so besteht die Gesellschaft aus einem Mitglied[38]). Es taucht die Frage auf, ob dieser Zustand von Dauer sein kann. Eine Gesetzesvorschrift, die diese Frage direkt beantwortet, ist nicht vorhanden, und es steht daher nichts im Wege sie zu bejahen. Die Konstruktion der A.-G., die vor allem eine vermögensrechtliche ist, würde diese Auffassung zulassen. Allein nach Schlüssen, die man aus § 178 ziehen kann, wird man doch zu einer Verneinung

---

[34]) Nach § 271 Abs. 4 und weil die sonstigen Aktionäre fortgefallen sind.

[35]) In anderem Zusammenhang ähnlich: Lehmann II. S. 217.

[36]) Sie könnten z. B. aufleben, wenn eine A.-G. sich durch mehrere Bevollmächtigte vertreten ließe (dies wird zulässig sein, da in § 252 Abs. 2 wohl nur das Wort „Bevollmächtigten", nicht aber das Wort „einen" zu betonen ist; ebenso: Lehmann II. S. 166 Anm. 6, Makower S. 560 IV a; a. M. Staub I. S. 487), und einer derselben entgegen seinem Auftrage Minderheitsrechte in der Generalversammlung geltend machte.

[37]) Zu Bedenken gibt das Anlaß, wenn die A.-G. nicht alle Aktien, aber doch mehr wie 19/20 besitzt, so daß die anderen Aktionäre unfreiwillig auf ihre Rechte verzichten müssen, ebenso verhält es sich bei Vertagung § 264, Bestellung von Revisionen § 266 usw.

[38]) Vgl. auch Levinsohn S. 37. Nach Zimmermann I. S. 222 und 223 „hört die A.-G. als solche faktisch auf" oder „befindet sich im Zustand der Ruhe" wenn nur ein Aktionär vorhanden ist. Wann das eine oder das andere eintritt, hängt nach Z. davon ab, ob der letzte Aktionär gesonnen ist, die Aktien weiter zu begeben oder nicht! Weitere Autoren bei Klemperer S. 69.

der Frage gelangen. § 178 spricht von „sämtlichen Gesellschaftern"; damit soll gesagt sein, daß mehr wie ein Gesellschafter vorhanden sein kann oder soll, freilich aber nicht vorhanden sein muß. Tatsächlich kommt es auch öfters vor, daß der gesamte Aktienbesitz sich in einer Hand vereinigt, und die Judikatur des Reichsgerichts[39]) hält dies für zulässig. Diese Worte ergeben also noch kein anderes Resultat. Nun heißt es aber in § 178 weiter; „Auf das in Aktien zerlegte Grundkapital der Gesellschaft." Hieraus ergibt sich, daß das Gesetz eine Verteilung des Gesellschaftsvermögens fordert; diese hat aber nur dann einen Zweck, wenn es als Regel mehr als einen Vermögensinhaber annimmt. Wird von der Verteilung des Vermögens in mehrere Hände aus irgendeinem Grunde kein Gebrauch gemacht, so ist dies zwar gültig, mangels entgegengesetzter Vorschrift aber nicht die Regel. Es läßt sich daher sagen, daß das Gesetz das Vorhandensein mehrerer Mitglieder als Normalzustand betrachtet, daß aber ausnahmsweise, d. h. nicht dauernd, die A.-G. durch einen Aktionär repräsentiert werden kann[40]). Was als dauernd, was als vorübergehend anzusehen ist, wird sich immer nur von Fall zu Fall und aus der Absicht der Parteien bestimmen lassen. Normen dafür festzulegen wäre unelegant und unelastisch und oft von wirtschaftlichem Nachteile; lieber soll man, wenn man diesen Zustand für ungesund hält, ein Minimum von Gesellschaftern vorschreiben[41]).

---

[39]) R. G. Bd. 22 S. 116, Bd. 23 Nr. 43; Lehmann II. S. 152: nach G. Bachmann (S. 94.) ist in Pennsylvanien sogar im Gesetz auf die Vereinigung aller Aktien in einer Hand Bezug genommen.

[40]) Weitere Folgen: bei Schmittmann S. 20.

[41]) Dies ist z. B. der Fall im englischen Recht: Companies acts, 30, 31 vict. chap. 131. III. Art. 67; im französischen Recht: Gesetz vom 24. Juli 1867 titre II. Art. 38; im belgischen Recht; hier bilden sieben Aktionäre das Minimum (abgedruckt bei Zimmermann I. S. 224, 225). Für eine gesetzlich vorgeschriebene Minimalzahl ist auch Cosack S. 664 VI; über fremde Rechtsprechung vergl. Lehmann II. S. 512. Anm. 7. — Ist nur ein Aktionär vorhanden, so bedeutet dies einen Einzelbetrieb mit dem Nachteil, daß der Inhaber nicht persönlich haftet. Es sei hier angefügt, daß das römische Recht (l. 7 § 2 D. quod cuiusque univ. (3, 4) die auf eine Person reduzierte universitas bestehen läßt.

Lehmann[42]), der ohne Angabe von Gründen annimmt, daß eine Körperschaft vorübergehend aus einem Mitglied bestehen kann, hält dies auch aufrecht für den Fall, daß die A.-G. selbst ihr einzigstes Mitglied ist. Da er aber ein Ruhen der Mitgliedschaft bei sich selbst annimmt, so ist damit der Zwiespalt geschaffen, daß nämlich einmal die A.-G. tatsächlich ihr eigenes Mitglied ist, und dann aber die Mitgliedschaft ruht, also doch keine ordentliche Mitgliedschaft vorhanden ist. Man hat sogar den Eindruck, als ob Lehmann am liebsten ein Aufhören der Mitgliedsrechte proklamierte und auch das Ruhen nur ungern zugibt; sagt er doch[43]): „gelangt die Aktie an die A.-G. zurück, so müßte streng genommen das Mitgliedschaftsrecht gänzlich erlöschen"; weiter unten fährt er fort; „ . . . so hat auch der Erwerb nicht die notwendige Folge, daß die Mitgliedschaft untergeht, möglicherweise tritt vielmehr nur ein Ruhezustand ein, solange die Aktie der A.-G. zugehört — während nach deren Weiterveräußerung die Mitgliedschaft mit ihren Folgerungen wieder aufwacht".

Es genügt also nach Lehmann zum Bestehen einer A.-G. schon das Vorhandensein eines Mitgliedes, wenn es auch nur über eine ruhende Mitgliedschaft verfügt! Er stützt seine Theorie[44]) durch den Hinweis auf die zukünftige Veräußerungsmöglichkeit der eigenen Aktien, durch die die Mitgliederzahl jederzeit vermehrt werden könne[45]). Warum durch eine Betrachtung dessen, was in Zukunft möglich sein kann, aber nicht eintreten muß, der gegenwärtige Rechtszustand ein anderer werden soll, ist nicht recht erfindlich.

Aus dieser Argumentierung läßt sich vielmehr entnehmen, daß man von vornherein die Existenz der Rechte gegen sich selbst bezw. der Mitgliedschaft bei sich selbst verneint; nachher ist man durch die in der Praxis unhaltbaren Folgen ge-

[42]) II. S. 512.

[43]) II. S. 75.

[44]) II. S. 512.

[45]) Auch Staub konstruiert, wie nachher S. 31 ff. gezeigt werden soll, an anderer Stelle ebenso.

zwungen so zu konstruieren, als ob dergleichen Rechte doch beständen. Und zwar geschieht die Konstruktion dadurch, daß man die zukünftige Möglichkeit des Wiedererwachens der Rechte an Stelle der gegenwärtig ruhenden zu setzen sucht, und damit dem Mangel abgeholfen glaubt.

Nimmt man die Rechte gegen sich selbst als bestehend an, so ist diese Beweisführung nicht nötig. Die A.-G. ist dann so gut ihr Mitglied mit Rechten und Pflichten wie es der Aktionär X ist. Hieraus folgt auch, daß die Aktien der A.-G. ebensogut einen Wert besitzen wie die Aktien des Aktionärs X.

IV.

Die eigenen Aktien als Wertobjekte.

§ 5. Die Stellung der eigenen Aktien in der Bilanz.

Der Wert der eigenen Aktien kommt am klarsten zum Ausdruck in der Bilanz. Verneint man die Rechte gegen sich selbst, so ist die Folge, daß die A.-G. in ihren eigenen Aktien keine Wertobjekte besitzt, sondern wertlose Papiere, denn ihre Anteilsrechte ruhen.

Wie schon erwähnt[1]), ist, so weit sich überblicken läßt, Cosack[2]) der einzige, der diese äußerste Konsequenz zieht; er nimmt volle Wertlosigkeit und Bilanzunfähigkeit dieser Aktien an. Die andern, ebenfalls für das Ruhen der Mitgliedschaftsrechte eintretenden Autoren haben alle, sofern sie sich über die Frage ausgesprochen haben, mit der Wirklichkeit einen Kompromiß geschlossen und lassen die eigenen Aktien der A.-G. bilanzfähig sein. So tritt z. B. Rehm[3]) für den Gedanken ein, daß für die Bilanz die juristische Natur überhaupt nur in zweiter Linie maßgebend sei, und in erster

---

[1]) S. 12.

[2]) S. 636, 5 c.

[3]) S. 168 ff. 468 ff.

Linie die wirtschaftliche Seite eines Gutes in Betracht komme[4])[5]); aus diesem Grunde setzt er die Aktien in die Bilanz ein. Ohne Angabe von Gründen sind für die Einsetzung eigener Aktien in die Bilanz ferner noch Lehmann-Ring[6]) und Goldmann[7]). Reisch[8]), Simon[9]), und Staub[10]) beheben die Wertlosigkeit der eigenen Aktien durch das Hervorheben des Bestehens von Verkaufsmöglichkeiten für sie. Durch diese Betrachtungsweise wird ein Moment in die Sachlage hineingetragen, das nicht ausschlaggebend sein darf; denn verneint man die Rechte der A.-G. gegen sich selbst entstehend aus dem Besitz eigener Aktien, so reichen sämtliche Verkaufsmöglichkeiten, die nur in der Zukunft verwirklicht werden können, nicht aus, um der Aktie den Wert zu verleihen, der sie befähigt, eine rechtlich begründete Stellung in der Bilanz einzunehmen und damit ihre Eigenschaft als Wertobjekt im rechtlichen Sinne zu dokumentieren[11]).

Bei allen wirtschaftlichen Gütern, seien es materielle oder immaterielle, genügt es nicht, über ein Möglichkeit zu verfügen, um sie bilanzfähig zu machen, sondern es muß unbedingt irgend ein Recht mit ihnen sich verknüpfen lassen, das imstande ist, auf das Vermögen, das in der Bilanz zum Ausdruck gebracht werden soll, einen Einfluß auszuüben. Ist eine rechtliche Basis gegeben, dann spielen die Möglichkeiten allerdings eine Rolle; ohne die Basis niemals.

---

[4]) Ähnlich auch Staub in seinen allgemeinen Erörterungen II. S. 193 Anm. 4, 5; S. 795 Anm. 10.

[5]) Hiernach dürfte man eine gefundene Sache, sobald sie nur wirtschaftlich zugehört und der Verlierer mit vieler Wahrscheinlichkeit als unauffindbar angenommen werden kann, bilanzieren!

[6]) § 226 Nr. 6 u. § 261 Nr. 17.

[7]) § 226 IV.

[8]) I. S. 730.

[9]) I. S. 86 (1. Aufl.)

[10]) II. S. 680 Anm. 2 b. α.

[11]) Zwei Stellen in demselben Sinne seien hier angefügt. Thöl II. S. 38: „Man wende nicht ein, daß ja durch Verkauf der angekauften Aktien das Papier wieder in Geld verwandelt werden könne, denn abgesehen davon, daß hier auf

Von diesem Gesichtspunkt aus betrachtet, genügt es nicht, daß die eigenen Aktien unter Aufwendungen erworben wurden, um sie bilanzfähig zu machen [12]), wenn sie im übrigen einer rechtlichen Unterlage entbehren. Anderseits ist Erwerb unter Aufwendungen kein Erfordernis für die Einsetzung in die Bilanz [13]), wenn sich nur für die erworbenen Rechte eine rechtliche Grundlage schaffen läßt.

1. Beispiele für einen Erwerb durch Aufwendung ohne eine rechtliche Grundlage sind: Erwerb eigener Aktien durch die A.-G., Erwerb eigener Anteile durch eine G. m. b. H., Erwerb eigener Schuldverschreibungen auf den Inhaber durch den Aussteller, sofern man die Rechte gegen sich selbst leugnet, weil die Forderung dann in der Luft schwebt.

2. Beispiel für einen Erwerb durch Aufwendung mit Schaffung einer rechtlichen Grundlage:

A kauft von dem B ein patentfähiges Verfahren für 20000 Mk. Ist nichts weiteres abgesprochen, so hat er damit den Anspruch erworben, daß der B seine Erfindung nicht mehr ausnutzt oder verwertet; B hat das Recht, ihn dazu zu zwingen, mit 20000 Mk. bezahlt; dieser Anspruch gegen den A ist in sein Eigentum übergegangen; er darf in den Aktiven der Bilanz ein Patentkonto mit 20000 Mk. erscheinen lassen [14]).

3. Beispiel für einen Erwerb ohne Aufwendung mit

---

eine bloße Möglichkeit verwiesen wird . . . handelt es sich um die gegenwärtige Lage."

Tobias S. 75 ff: wenn man sagt: Vermögenswert ist vorhanden, weil Wertpapiere veräußerlich sind, so heißt das „den Kredit zu einem positiven Vermögensbestandteil stempeln und die Fähigkeit, sich Vermögen zu verschaffen, für das Vermögen selbst zu nehmen."

Siehe ferner das in den Entscheidungsgründen des Urteils des O.L.G. Dresden vom 30. November 1900 zitierte Gutachten von Simon, in dem dieser eigene Aktien als Forderung gegen sich selbst in der Bilanz der A.-G. erscheinen läßt (abgedruckt bei Holdheim Bd. 10 S. 97 ff. besonders S. 100 u. 101).

[12]) Nach Rehm S. 187 B. würde es genügen.

[13]) A. M. Staub II S. 193 Anm. 5, von Völderndorff S. 689; Rehm S. 183 (läßt Ausnahmen zu S. 189).

[14]) Mit anderer Begründung Rehm S. 184.

Schaffung einer rechtlichen Grundlage: B schenkt dem A eine patentfähige Erfindung, deren Wert 20000 Mk. beträgt, mit dem Versprechen, sie nicht ausbeuten zu wollen. Auch hier darf A nach § 40 Abs. 2 das Patentkonto mit 20000 Mk. in die Aktiven der Bilanz einsetzen; die rechtliche Grundlage bildet das Versprechen des B und damit der klagbare Anspruch des A gegen ihn bis zur Höhe von 20000 Mk., für den Fall, daß er nicht alles unterläßt, was die Ausnutzung der Erfindung beeinträchtigt[15]).

Es ist also ausgeschlossen, daß in einer rechtlich gültigen Bilanz Vermögensbestandteile figurieren, die in keinem juristischen Zusammenhang zum Vermögen stehen und nur über eine rein wirtschaftliche Zugehörigkeit verfügen[16])[17]).

Nicht die Möglichkeit, einen rechtlichen Zusammenhang schaffen zu können, genügt, sondern die vollendete Tatsache, daß er vorhanden ist, ist notwendig.

So müßte für die Aktien, die die A.-G. besitzt, eine bindende Kaufofferte vorliegen, falls man die Rechte gegen sich selbst verneint — und nicht nur die Möglichkeit, daß jemand sie vielleicht dermaleinst ankaufen wird —, um ihre Bewertung möglich zu machen. Daß sie einen momentanen Verkehrswert besitzen, ist für die A.-G. ebenso unerheblich wie die Tatsache, daß ein Acker ihres Nachbars 300 Mk. wert ist, so lange die beiden Objekte in keiner rechtlichen Beziehung zu ihr stehen.

Die ganze Situation wird mit einem Schlage eine andere

---

[15]) Aus den angefügten Beispielen folgt, daß die Einteilung der Rechte in unentgeltlich u. entgeltlich erworbene (so Staub II. S. 193 unten, Simon, Rehm usw.) nicht immer maßgebend ist für ihre Einstellung in die Bilanz.

[16]) Deshalb ist Rehms Auslassung § 469 Anm. 3 gegen Cosack unbegründet.

[17]) Gegen Staub II. S. 193 unten sei bemerkt, daß rein wirtschaftliche Güter nicht des Entgelts wegen in die Bilanz eingestellt werden, sondern weil rechtliche Ansprüche gegen Dritte damit erworben werden; dies kann sogar bei unentgeltlich erworbenen der Fall sein; m. a. W.: entgeltlich erworbene rein wirtschaftliche Güter sind entweder Güter, aus denen sich rechtliche Ansprüche zur Verknüpfung mit dem Vermögen herleiten lassen, oder sie sind keine solche Güter; im letzteren Falle sind sie nicht bilanzfähig.

durch die Existenz der Rechte gegen sich selbst; damit ist eine rechtliche Grundlage zur Bewertung der Aktien geschaffen. Jetzt ist auch die Verkaufsmöglichkeit zur näheren Bestimmung des Wertes in Betracht zu ziehen. Zwar genügt irgend eine Verkaufsmöglichkeit sogar nicht einmal hier; es muß eine Möglichkeit sein, aus der mit großer Wahrscheinlichkeit auf Käufer geschlossen werden kann[18]). Sie muß auch eine gewisse Zeitdauer haben und zum Teil der Vergangenheit angehören, wenn die Feststellung des Börsenpreises erwünscht sein sollte; denn der Börsenpreis wird ermittelt auf Grund von Verkaufsmöglichkeiten in der Vergangenheit.

Die eigenen Aktien der A.-G. sind in die Bilanz einzusetzen. Als vorhandenes Vermögen werden sie auf der Aktivseite gebucht, so gut wie Maschinen, Gebäude usw.[19])[20])

Eine Überlegung, die vielleicht abhalten könnte, die eigenen Aktien in die Bilanz einzusetzen, sei noch erwähnt: Davon ausgehend, daß das gesamte Aktienkapital auf der Passivseite eingestellt wird, liegt der Gedanke nahe, es als eine Schuld der Gesellschaft zu betrachten. Kehren die Anteile dieses Kapitals zur Gesellschaft zurück, so mindert sich ihre Schuld[21]), d. h. die eigenen Aktien kämen nicht als vorhandene Aktiven sondern nur als gemindertes Passivum zum Ausdruck. Nun ist aber das Grundkapital keine Gesellschaftsschuld[22]) trotz

---

[18]) Ausgeschlossen ist die Ansetzung eines hohen Preises, den irgend ein Kauflustiger aus irgend einem Grunde für die eigenen Aktien bezahlen würde; liegt für die Aktien sonst keine Preisnotierung vor, so müßte man zuerst die bindende Kaufofferte abwarten, ehe man den Liebhaberpreis in die Bilanz einsetzen dürfte.

[19]) Dieses Resultat wird durch andere Begründung erreicht von Staub II. S. 680 Anm. 2, Rehm S. 468 II, Lehmann II. S. 886, Lehmann-Ring S. 455.

[20]) Kämen sie nicht in die Bilanz, so wäre folgender Vorgang aus ihr nicht zu ersehen: eine A.-G. besitzt eigene Aktien, die sie nicht bucht. An Stelle von Gratifikationen in Geld schenkt sie einen Teil davon an Angestellte; weil sie wertlose Sachen fortgeschenkt hat, bucht sie den Vorgang höchstens in einem Hilfsbuch ohne Wertangabe, aber keinesfalls in der Bilanz.

[21]) Vergl. Ring S. 269.

[22]) Staub II. S. 802 Ziff. 5, Simon I. S. 87, Pinner S. 203, a. M. Beigel S. 123 Anm. 2.

der Buchung auf der Passivseite, sondern es ist „ein der Bindung von Aktien dienender Rechnungsposten“ [23]), und solange keine gesetzlich erlaubte Minderung vorgenommen wird, muß es in derselben Höhe eingesetzt werden, gleichviel ob die reellen Vermögensteile gemindert oder erhöht wurden, oder zum Teil als wertlos betrachtet werten müssen [24]).

Diese Überlegung gibt somit bei genauerem Zusehen keinen Grund ab, den Aktien ihre Bilanzfähigkeit als Aktivum zu nehmen.

Aus § 261 Ziff. 1 und § 1 Ziff. 1 ergibt sich, daß Wertpapiere nicht identisch sind mit Waren; sie dürfen also nicht unter dem Posten: „Waren“ erscheinen. Ebenso darf man sie nicht dem allgemeinen Begriff „Forderungen“ unterordnen, weil dies gegen die Bilanzklarheit verstoßen würde. Sie werden vielmehr, da bei ihnen die Forderung im Papier, also in einer Sache verkörpert ist, zu den Sachen gerechnet [25]) und erscheinen gewöhnlich unter „Effekten“. Es wäre zu wünschen, daß für die A.-G., ähnlich wie bei den Noten-

---

[23]) Ring S. 269, v. Strombeck I. S. 470.

[24]) Zur Vermeidung der Ansicht, daß das Grundkapital eine Schuld der A.-G. sei — die schlimmen Folgen dieser Ansicht zeigt Simon I. S. 87 — würde die Befolgung des Vorschlags von Neukamp (I. S. 27) sicher beitragen; er will das Passivkonto in zwei Rubriken teilen, von denen die eine „die wirklichen Passivposten“ (Schulden usw.), die andere „die unverteilbare Aktivvermögensmasse“ (Grundkapital und Reservefonds) enthält. Dieser Vorschlag bedarf selbst wieder der Verbesserung des ungenauen Ausdruckes „unverteilbares Aktivvermögen“ wegen; denn wohl bei keiner A.-G. wird auf Heller und Pfennig genau das Aktivvermögen durch Grundkapital und Reservefonds, die beide „Rechnungsposten zur Bindung von Aktien“ sind, dargestellt sein. So führt Reisch I. S. 720 Anm. 2 aus, „daß das effektive Vorhandensein des Grundkapitals von der Realisierbarkeit des Wertes der gegenüberstehenden Aktiven abhängig ist“. Grundkapital und vorhandenes Gesellschaftsvermögen werden oft verwechselt; so auch bei von Strombeck II. S. 32, 50, 51 ff.; richtig dagegen: Eltze S. 16 ff. Lehmann I. S. 158. In England wird übrigens die Einteilung der Passivseite, die Neukamp vorschlägt, durchgeführt; die Überschriften heißen: capital und liabilities (siehe Simon I. S. 476, 477 engl. Musterbilanz u. Renaud II. S. 556).

[25]) Vergl. Rehm S. 233 § 87, Jacobi S. 101 ff., Lehmann bei Goldschmidt Bd. 51 S. 374 ff., Neukamp III. S. 1.

und Hypothekenbanken für die eigenen Papiere ein besonderer Posten — etwa „eigene Aktien" — vorgeschrieben würde[26]). Die Wertbemessung geschieht gemäß § 261 Ziff. 1 zum Kurspreis oder, falls dieser höher ist als der Anschaffungspreis, zu letzterem[27]); der niedrigere der zwei Preise muß gewählt werden; unter ihn darf jedoch nicht heruntergegangen werden, weil dies sich als Verstoß gegen §§ 40 und 261 Ziff. 1 darstellen würde[28]). § 261 Ziff. 1 soll nur gegen Kursschwankungen dienen, nicht aber zu Abschreibungen Anlaß geben, es könnte sonst dagegen nach § 271 Abs. 3 Anfechtung stattfinden[29]). Denn die Hauptaufgabe der Bilanz ist, ein Bild zu geben von dem effektiven Vermögenszustand[30]), soweit dies nach den gesetzlichen Vorschriften möglich ist, nicht aber eine möglichst gesunde, wirtschaftliche Lage zu veranschaulichen[31]).

---

[26]) Ebenso Hecht IV. S. 236. Manchmal trifft man in Geschäftsberichten von Gesellschaften in der Bilanz oder in der Gewinn- u. Verlustrechnung den Posten „eigene Effekten" an; z. B. bei der Zülpicher Volksbank A.-G. in der Gewinn- und Verlustrechnung 1904; Deutsche Bank, Bilanz 1901 (bei Saling II. S. 611); Berliner Hypothekenbank A.-G. Bilanz 1900 (Saling II. S. 450); Börsen-Handelsverein A.-G. Bilanz ult. 1901 (Saling II. S. 565); Aachener Diskonto-Gesellschaft Bilanz ult. 1901 (Saling II. S. 566); Bochumer Bank Bilanz ult. 1901 (Saling II. S. 589); Preuß. Zentral-Genossenschaftskasse Berlin A.-G. (Handbuch Bd. II. S. 5) Gewinn- u. Verlustkonto vom 1. März 1901, Eisenbahnrentenbank Frankfurt a. M. A.-G. (Handbuch Bd. II. S. 12) Bilanz vom 30. Juni 1901. In den zitierten Fällen erweckt dieser Posten irrige Vorstellungen, denn es handelt sich nicht um Aktien des eigenen Unternehmens, sondern um Effekten, deren Eigentümerin die betr. Gesellschaft ist; in diesem Falle genügt aber das Wort „Effekten" vollkommen.

[27]) Unrichtig daher Kautsch S. 128, der die Aktien zu ihrem „Kurse" eingesetzt wissen will.

[28]) Vergl. Makower S. 523 d, S. 591, 1 am Ende.

[29]) Rehm § 40 II B. und § 20 III A.

[30]) Vergl. Ring S. 256, 1; Urteil des R.O.H.G. vom 3. Dezember 1873 (Bd. 12 S. 16); Beigel S. 95.

[31]) Vergl. Staub II. S. 192 Anm. 2. Was Makower S. 127 Ib unter Anführungen von Bolze 12 Nr. 503 und was Cosack S. 551 IV c, Satz 3 anführen, gilt nur solange, als nicht von Dritten, deren Interessen dadurch geschädigt werden, eingeschritten wird (siehe auch Makower S. 591, 1 am Ende). — Gemünd und Knödgen S. 56 machen den beachtenswerten Vorschlag, zur Erzielung der Bilanzklarheit neben die Buchwerte die wirklichen Werte hinzuzusetzen.

Die Unterbewertung würde außerdem eine unstatthafte Steuerentziehung zur Folge haben[32]), wenn nicht, ähnlich wie für Preußen das preußische Einkommensteuergesetz vom 5. August 1891, Gesetze herangezogen werden könnten, die übermäßige Abschreibungen als Gewinnbeträge ansehen und berechnen[33])[34]).

Sind Aktien vorhanden, die zu verschiedenen Preisen und Zeiten gekauft wurden und von denen ein Teil bereits wieder verkauft ist, so gestaltet sich die Berechnung des Anschaffungspreises wie folgt:

Beispiel 1. Gekauft am 1. Februar 100 Aktien, das Stück zu 400 Mk.; verkauft am 1. März 50 Aktien, das Stück zu 425 Mk.; gekauft am 1. April 200 Aktien, das Stück zu

---

[32]) Rehm § 20 IV.

[33]) Keyßner und Simon S. 130, 6; Rede des Finanzministers von Rheinbaben im preußischen Abgeordnetenhause am 1. März 1902 abgedruckt bei Holdheim Bd. 11 S. 102; Zelter bei Holdheim Bd. 10 S. 234.

[34]) Neukamp II. (besonders S. 464 ff., 474 ff., 502) tritt für die Unterbewertung der Aktien ein und hält sie für ein Zeichen der Solidität, die die Bilanz beherrschen soll; öfters nennt er sie „versteckte Reserven". Gewiß ist die Unterbewertung in den allermeisten Fällen dazu geeignet, das Unternehmen finanziell zu stärken und man soll sie eher gebieten als verbieten. Warum aber den krummen Weg einschlagen und gegen § 40 Abs. 2 verstoßen, der mit klaren Worten sagt, daß alle Vermögensgegenstände nach ihrem Werte anzusetzen seien, wenn ein einfaches, erlaubtes Mittel zur Abhilfe vorhanden ist? Man setze die Güter zu ihrem wahren Werte an und bilde statt versteckter Reserven echte Reserven. Der Effekt ist derselbe, nur daß dem Gesetze besser Rechnung getragen wird. Neukamps Beispiel S. 476.

Aktiva:		Passiva:	
Waren 100000 Mk. bei 10 % vertragsmäßiger Abschreibung	90000	Grundkapital usw.	190000
Sonstiges	100000		
	Mk. 190000		Mk. 190000

erhält folgendes Aussehen:

Aktiva:		Passiva:	
Waren	100000	Grundkapital usw.	190000
Sonstiges	100000	Abschreibungen (Reserven)	10000
	Mk. 200000		Mk. 200000

450 Mk. Der Anschaffungspreis der 250 vorhandenen Aktien ist: $\frac{50 \cdot 400 + 200 \cdot 450}{250} = 440$ Mk. pro Stück. Außerdem ist im Gewinn- und Verlustkonto ein Posten: Gewinn vom Verkauf von 50 Aktien mit $50 \cdot 25 = 1250$ Mk. einzusetzen[35]).

Anders dagegen, wenn bestimmte Stücke abgestoßen wurden: Beispiel 2. Gekauft am 1. Februar 100 Aktien das Stück zu 400 Mk. und am 1. April 100 Aktien zu 425 Mk. das Stück. Verkauft wurden am 1. März 100 Aktien, das Stück zu 410 Mk. In die Bilanz kommen: 100 Aktien, das Stück zu 425 Mk. = 42500 Mk.; in das Gewinn- und Verlustkonto: Gewinn vom Verkauf von 100 Aktien mit $100 \cdot 10 = 1000$ Mk.

Kommt der Börsenpreis als der niedrigere in Betracht, so ist es erforderlich, alle noch nötigen Nebenausgaben mit zu notieren; denn wie unter Anschaffungspreis zu verstehen ist: Kurs + Courtage + Stempel + Provision + Stückzinsen, so muß analog gebucht werden das, was die Papiere tatsächlich einbringen würden, also der reelle Verkaufswert d. i.: Kurs — Courtage — Stempel — Provision ± Stückzinsen[36]). Es kann, trotz ein und desselben Börsenpreises[37]), am Börsenplatz die Größe des Postens durch geringere Provision eine größere sein, als an einem Orte, an dem noch die Vermittlung des Provinzialbankiers bezahlt werden muß.

Sind die eigenen Aktien bereits für die A.-G. gekauft, aber noch nicht in ihr Eigentum übergegangen, und ist der Kaufpreis noch nicht bezahlt, so liegt juristisch kein Grund vor, sie bereits in die Bilanz einzusetzen. Vielfach antizipirt man hier die Wirkung des Eigentumsüberganges bereits mit der Anmeldung der Papiere durch die Faktura[38]) und stellt die Effekten schon von diesem Zeitpunkt an in die Bilanz

---

[35]) Siehe Rehm S. 708, 2b, Simon I. S. 173, 185.

[36]) Über Stückzinsen siehe Cosack S. 656, 3 Abs. 4.

[37]) Einiges über die amtliche Feststellung des Börsenpreises ist in der Bekanntmachung vom 28. Juni 1898 betr. die Feststellung des Börsenpreises von Wertpapieren enthalten (Reichsanzeiger Nr. 154 vom 2. Juli 1898).

[38]) Rehm § 74 B 1a.

ein. Mangels ausdrücklicher gesetzlicher Vorschriften ist dies verfehlt. Nun ist es aber in vielen Fällen geradezu unmöglich, mit der Buchung zu warten bis zum Eigentumsübergang; es ist daher Sache des Gesetzes dem Rechnung zu tragen.

Hat die A.-G. den Kaufpreis bereits vorgeleistet, so kann sie einen Anspruch auf Erhalt eigener Aktien in derselben Höhe buchen, weil die Forderung bereits besteht und ihr eigentümlich zugehört. Ebenso muß sie, wenn sie beim Verkauf eigener Aktien diese vorgeleistet hat, den Anspruch auf Erhalt des Kaufpreises buchen. Beide Vorgänge können leicht in kürzester Frist die Einsetzung eines Betrages in das Delkrederekonto[39]) nötig machen.

Auch für Geschäfte schwebender Natur — Zeitgeschäfte, Lieferungsverträge usw. — müßte der Satz in Anwendung kommen (nach §§ 39 und 40), daß sie in der Bilanz zum Ausdruck gebracht werden, sobald durch sie eine rechtsgültige Forderung, sei es für, sei es gegen die Gesellschaft, entstanden ist. Wenn sich aber irgend ein Satz im Bilanzrecht nicht in voller Schärfe aufrecht erhalten läßt, so ist es dieser. In der Literatur gibt es keine herrschende Meinung darüber; viele Autoren sind der Ansicht, daß es eine Tatfrage sei, ob und in wie weit obiger Satz zur Geltung gelangen könne[40]).

---

[39]) Streng genommen ist das Delekrederekonto gesetzlich verpönt, denn nach § 40 Abs. 3 sind die zweifelhaften Forderungen usw. nach ihrem wahrscheinlichen Werte einzusetzen. Befolgte man diese Vorschrift, so wäre das Konto überflüssig! (ebenso Neukamp I. S. 19; a. M. von Völderndorff S. 685 Anm. 26). Schließlich könnte man auch buchen:

Forderung an X nominell 100 000 Mk. |
wahrscheinl. Höhe . . . 80 000 Mk. |

[40]) Petersen und Pechmann S. 184, 533 wollen den vollen Nennwert der Forderung in Anrechnung bringen; von Völderndorff S. 690 will die Forderung einstellen, den Gewinn [und demgemäß wohl auch den Verlust??] aber erst nach seiner Realisierung; Pinner S. 210 will die Forderungen nicht ganz ignorieren, sondern berücksichtigen, soweit sie das Gesellschaftsvermögen beeinflussen [als ob dann überhaupt noch etwas zu ignorieren übrig bliebe!]; R. und F. Esser S. 160 sind der Meinung, daß Verluste oder Gewinne, die im Jahre nach der Bilanz realisiert werden, unberücksichtigt bleiben, wenn die Lieferungsverträge keiner Spekulation sondern dem laufenden Geschäfte dienen [warum die Unterscheidung?]; Simon I. S. 184 ff., Simon IV. S 398, Rehm S. 205, 775

Schwierigkeiten ungeahnter Art entstehen nur allzuhäufig, wenn man versucht, den „wahren" Wert einer Forderung, herrührend aus einem langbefristeten Zeitgeschäft zu berechnen. Das Gesetz gibt über die Art der Berechnung keine Vorschrift und kann sie auch unmöglich geben bei der Vielgestaltigkeit dieser Geschäfte.

Eher läßt sich eine Vereinfachung erzielen durch folgenden Vorschlag, der eine Trennung der Forderungen bezweckt:

In der Bilanz sollen zum Ausdruck gebracht werden die tatsächlichen Vermögensverhältnisse. Es ist daher abzusehen von der Einsetzung von Möglichkeiten, Aussichten, Hoffnungen usw. auf Gewinn oder Verlust. Davon ausgehend kann man die eingegangenen geschäftlichen Abmachungen in zwei Gruppen zerlegen.

1. in solche, die zum Teil schon abgewickelt sind, und bei denen nur noch ein Teil der Erfüllung der bereits vorangegangenen Rechtsgeschäfte aussteht; z. B. das Rückforderungsrecht auf geliehenes Geld, das Recht auf Erhalt einer nachzuleistenden Kaufsumme oder die Pflicht, 50 Ballen Waren, deren Kaufpreis bezahlt ist, nachzuliefern u. a. m.
2. in solche, die sich darstellen als eine Verpflichtung zu künftigen Rechtsgeschäften, deren Grundlage nicht in die Vergangenheit zurückreicht, sondern in dieser Verpflichtung zu suchen ist. Z. B. die Verpflichtung, heute in drei Monaten 100 Aktien zu 1000 Mk. das Stück zu liefern.

Die erste Gruppe ist ohne weiteres bilanzfähig, weil sie in Erfüllungsmöglichkeiten von zum Teil schon verwirklichten Rechtsgeschäften besteht, bei denen die teilweise Abwicklung — das tatsächlich Geleistete — bereits gebucht ist. Diese Forderungen und Verbindlichkeiten sind genau präzisiert und lassen sich verhältnismäßig leicht überblicken.

Staub II. S. 195 Anm. 8, Makower S. 40, 82 u. a. m. weichen alle in ihren Ansichten mehr oder weniger voneinander ab. Zu Rehm S. 205 vergl. auch Reisch II. S. 68.

Möglich ist dabei, daß das Delkrederekonto durch sie belastet wird, wenn die Verbindlichkeit schlecht wurde.

Gruppe zwei ist überhaupt nicht bilanzfähig, sofern die Erfüllung des Rechtsgeschäftes, dessen Grundlage die betr. Verpflichtung bildet, erst nach der Bilanz ausgeführt werden soll. Beispiel: eine Aktie, die am 1. Dezember zu 1000 Mk. gekauft wurde, wurde am 15. Dezember auf ultimo Januar zu 1200 Mk. verkauft. Die Bilanz wird aufgestellt für den 31. Dezember. Der Kurs an diesem Tage ist 110. Nach dem abgekürzten, kaufmännischen Verfahren würde in der Bilanz als Aktivum erscheinen: verkaufte Aktie 1200 Mk. Dies ist ohne weiteres ungesetzlich, da nach § 261 Ziff. 1 die Aktie mit 1000 Mk. anzusetzen ist[41]). Nach richtigerem Verfahren[42]) würde bilanziert:

Aktiva:		Passiva:	
Effekten	1000 Mk.	Lieferungsverbindlichkeit. .	1200 Mk.
Kaufpreisforderung . . .	1200 Mk.		

Auch diese Art der Berechnung würde nach obigen Erörterungen wegzufallen haben; in die Bilanz käme als Aktivum die Aktie mit 1000 Mk., während der Gewinn in der nächsten Bilanz zum Ausdruck gelangte. Auch für den Fall, daß die Aktie auf ultimo Januar statt zu 1200 Mk. zu 900 Mk. verkauft wurde, wäre diese Art der Buchung beizubehalten. Wenn auch der gewissenhafte Kaufmann dazu neigt, Verlust, den er sicher vor Augen sieht, schon möglichst

---

[41]) Ebenso Simon IV. S. 388 Anm. 1.

[42]) Ähnlich Rehm S. 775 ff; nur nimmt Rehm einen Herstellungswert der Forderung an und bucht diesen; also:

Aktiva:		Passiva:	
Effekten	1000 Mk.	Lieferungsverbindlichkeit. .	1000 Mk.
Kaufpreisforderung . . .	1000 Mk.		

Es fehlt aber der ursächliche Zusammenhang zwischen den Effekten und der Forderung; denn gehen die Effekten, die 1000 Mk. kosten, verloren, so besteht die Forderung auf 1200 Mk. dennoch; es müssen neue Effekten angeschafft werden, die eventuell einen anderen Preis haben, und damit wäre wiederum ein anderer Herstellungswert der Forderung geschaffen. Einfacher ist es wie oben zu buchen resp. die Buchung zu unterlassen.

im Jahre der Entstehung zu berücksichtigen, so müßte dieses Bestreben dem Verlangen nach Bilanzklarheit weichen; denn es ist viel richtiger, Gewinn oder Verlust, erst wenn er realisiert ist, zum Ausdruck zu bringen[43]). Wie oft ändern sich noch in letzter Stunde die Verhältnisse! Die Buchung gewinnt durch Beachtung des Vorschlags an Richtigkeit, sie wird sich aber sehr häufig um eine oder mehrere Jahre verschieben. Wird dies allgemein so gehandhabt, dann ist damit eine große Unsicherheit aus dem Wege geräumt; auf die Dauer der Zeit ändert diese Buchung an den Vermögensverhältnissen der A.-G. nicht das Geringste, sie schafft nur mehr Klarheit. Sollte ein Vorstand, der besonders vorsichtig veranlagt ist, sich nicht mit dem Vorschlag befreunden können, weil er die hinausgeschobene Berücksichtigung des Verlustes nicht billigt, so hindert ihn nichts, in das Passivkonte eine Reserve einzustellen, die für obiges Beispiel (S. 41), in dem angenommen wurde, daß die zu 1000 Mk. eingekaufte Aktie zu 900 Mk. verkauft werden mußte, lauten würde: Rückstellung wegen eventuellem Verlust aus Verkauf usw. . . . 100 Mk.[44])

Durch die Unterscheidung in die zwei Gruppen würde der Vorwurf, den manche Autoren[45]) erheben, daß die Forderungen inkonsequente Behandlung erfahren, hinfällig.

Sind zur Erfüllung der Verpflichtungsverbindlichkeiten bereits Aufwendungen gemacht, ist z. B. die auf ultimo Januar zu liefernde Aktie bereits am 1. Dezember gekauft und bezahlt worden, so werden diese, aber auch nur diese, gebucht. Würde, wie es so häufig geschieht, der Gewinn hier

[43]) Hecht III. S. 274 bemerkt, daß in den letzten Jahren manchmal kalkulatorischer und gestundeter Gewinn zur Verteilung vorgeschlagen wurde!

[44]) Ebenso Simon IV. S. 388, 398, der dies für notwendig hält. Es sei darauf hingewiesen, daß im Handbuch der deutschen A.-G.en Fälle erwähnt sind, in denen sogar der gesamte Gewinn zurückbehalten wurde, also keine Dividenden zur Verteilung gelangten, weil Prozesse schwebten, deren Ausgang nicht abzusehen war. Auf andere Art und Weise läßt sich dem hier drohenden Verlust gar nicht begegnen.

[45]) Z. B. Simon I. S. 110 Abs. 4 (1. Auflage).

mitberücksichtigt, so müßte für den Fall, daß z. B. der Käufer plötzlich insolvent würde, auch die nächste Bilanz in Mitleidenschaft gezogen werden. Dies kann z. B. eintreten in dem Beispiel, das v. Völderndorff gibt[46]). Hier sind zu einer am 15. Janur 1890 zu machenden Lieferung von 1000 Zenter zu 50 Mk. am 30. Dezember 1889 bereits 100 Zentner zu 45 Mk. am Lager; in die Bilanz vom 31. Dezember 1889 stellt er schon einen Gewinn von 500 Mk. ein. Wird der Käufer am 8. Januar 1890 insolvent und kann die Lieferung nicht abnehmen, oder brennt das Lager ab und es muß teurer eingekauft werden, so rächt sich die vorgenommene Einstellung durch einen Verlustposten von 500 Mk., den die Bilanz am 31. Dezember 1890 enthalten muß.

Fortfallen würden auch die Schwierigkeiten der Berechnung und Buchung von Stellage- und Prämiengeschäften, von denen Simon[47]) spricht.

Einfach gestaltet sich hiernach die Bilanzierung des Reportgeschäftes, das die A.-G. in eigenen Aktien abschließt; es ist zu unterscheiden:

a) Die Erfüllung des ganzen Geschäftes hat vor der Bilanz noch nicht stattgefunden; es wurde nur eine verbindliche Abmachung darüber getroffen. Diese Verpflichtungsverbindlichkeit wird nicht in die Bilanz aufgenommen.

b) Das erste Geschäft (Verkauf) hat stattgefunden; es kommt in der Bilanz zum Ausdruck entweder durch den größeren Barvorrat an Geld oder durch das Einstellen der Forderung auf den noch nicht erhaltenen Verkaufspreis und durch das Fehlen der betr. eigenen Aktien; das zweite Geschäft wird nicht bilanziert.

c) auch das zweite Geschäft (Rückkauf) hat stattgefunden; nun wird auch dieses gebucht in der Art, daß die zurückgekauften eigenen Aktien zum Anschaffungspreis des zweiten Geschäftes in die Bilanz eingesetzt werden[48]). Dieser Preis

---

[46]) S. 691.

[47]) I. S. 185.

[48]) a. M. Petersen und Pechmann S. 187; sie wollen den ursprünglichen Anschaffungspreis in die Bilanz einsetzen; u. a. begründen sie dies auch durch

kann höher oder niedriger sein wie der ursprüngliche Anschaffungspreis. Das Reportgeschäft in umgekehrter Reihenfolge[49]), d. h. erst Kauf und dann Verkauf, wird analog gebucht

Zwischen dem ersten und zweiten Geschäft sind die Aktien Eigentum des Käufers; daher kann eine kaufende A.-G. sie unter „eigene Aktien" oder unter „Effekten" einstellen. Die Unterabteilung „zu reportierende, eigene Aktien" ist überflüssig. Die A.-G. kann mit diesen Aktien machen, was sie will, wenn sie nur bis zum Termin des zweiten Geschäftes die nötigen Aktien wieder beisammen hat[50]).

Ohne weiteres darf von diesem Vorschlag allerdings kein Gebrauch gemacht werden; denn das Gesetz kennt diese Trennung nicht und verlangt, daß alle Forderungen und alle Schulden in der Bilanz zum Ausdruck kommen. Es bedarf diese Angelegenheit einer gesetzlichen Regelung. Gewohnheitsrechtlich wird häufig im Sinne der gemachten Unterscheidung — oft unbewußt — gebucht und bilanziert. So bemerkt auch Simon[51]), daß gewisse Arten von Rechts-

---

einen Hinweis auf von Völderndorff S. 687 Anm. 30 und 31, der gleich ihnen in der Ansetzung des zweiten Preises eine strafbare Manipulation zu erblicken scheint.

[49]) Es ist davon abgesehen worden, dieses Geschäft als „Deport"geschäft zu bezeichnen, wie es manchmal der Fall ist (Obst S. 193 u. a. m.); denn 1. ist die Bezeichnung nicht zweifelsfrei, denn so bedeutet z. B. bei Pinner S. 122 Deportgeschäft Kauf und Verkauf, bei Makower S. 484, Petersen und Pechmann Verkauf und Kauf. R. und F. Esser S. 77 und Makower S. 484 nennen Ankauf und dann Verkauf Reportgeschäft, während Simon I. S. 343 und Pinner S. 122 das Gegenteil damit bezeichnen und 2. scheint es üblicher zu sein, auch das Deportgeschäft als Reportgeschäft zu bezeichnen. Vergl. zu 2. Saling I. S. 271 Anm; hier heißt es: „Der Ausdruck Reportieren wird sowohl vom Hereingeber wie vom Hereinnehmer gebraucht." Allerdings — so wird hinzugefügt — ist er für beide ungenau.

[50]) a. M. Simon I. S. 186; Rehm S. 200, 2a.

[51]) Simon I. S. 176 ff. Neuerdings (IV. S. 384 ff.) hat S. seine Meinung dahin präzisiert, daß diese Trennung sogar gesetzlich anerkannt sei. Dieser Auffassung ist wegen der Fassung der §§ 38 ff., aus denen es nicht hervorgeht, nicht beizupflichten. Simons Begründung ist keine glückliche; denn sein aufgestellter Grundsatz, daß in der Bilanz nur das aufgenommen wird, was nach

geschäften — sie werden sich im großen und ganzen wohl mit denen decken, die hier Verpflichtungsabmachungen genannt wurden — nicht in die eigentlichen Handlungsbücher (Hauptbuch usw.) eingetragen werden, sondern in Journale, die auf die Bilanz ohne Einfluß sind.

Sind eigene Aktien von der A.-G. in Ausführung einer Einkaufskommission an Dritte zu liefern, so sind sie bis zur Absendung des Stückeverzeichnisses, oder wenn auf dieses Verzicht geleistet wurde, bis zur Übergabe[52]) ihr Eigentum[53]) und daher bis zu diesem bilanzfähig. Hier wird die Einstellung in die Bilanz aus Bequemlichkeit oft unterlassen[54]), weil man in kurzer Zeit doch mit großer Wahrscheinlichkeit das Eigentum verliert. Juristisch haltbar ist diese Praxis nicht. Aus diesem Grunde darf man diese Zeit und Mühe ersparende Unterlassung nicht zum Ausgangspunkt von Erörterungen machen und aus ihr den Schluß ziehen wollen, daß es eine juristische und eine wirtschaftliche Zugehörigkeit zum Kaufmannsvermögen gäbe und daß letztere für die Bilanz maßgebend sei[55]).

---

ordnungsmäßiger Buchhaltung im Hauptbuch steht (S. 384), wird von ihm selbst 3 Seiten später (S. 387.) dahin abgeändert, daß außerdem noch in die Bilanz gehören alle eventuell zu erwartenden Verluste aus den Rechtsgeschäften, die nicht im Hauptbuch eingetragen sind.

Durch diesen Nachsatz zeigt Simon, daß das Gesetz keine Unterscheidung macht, daß alle Forderungen und Schulden der A.-G. in der Bilanz ihrem Werte nach erscheinen, nur mit der Modifikation, die sich aus § 261 Ziff. 1 und 2 ergibt, d. h. daß nicht realisierter Gewinn in der Bilanz keinen Platz findet. Wie Simon auch Reisch II. S. 68.

[52]) § 929 B.G.B.

[53]) Gierke I. S. 994, 2; Rehm S. 193; R. G. Bd. 52 S. 193; Jacobi S. 163; Schröder (der Eigentumsübergang bei beweglichen Sachen. Goldschmidt Bd. 51 S. 39 ff.) S. 42; siehe auch § 35 der Postordnung vom 11. Juni 1892.

[54]) Im Gegensatz zu dem S. 38 erwähnten Beispiel.

[55]) Es sind Rehm S. 193, II A und Simon I. S. 153, die aus dieser Unterlassungssünde obige Unterscheidung folgern. Sobald eine wirtschaftliche Zugehörigkeit zum Kaufmannsvermögen statthaben soll, kann es nur geschehen auf Grund gesetzlicher Sondervorschriften; dadurch wird aber die wirtschaftliche Zugehörigkeit zu einer juristischen, die dann allerdings nur für besondere Fälle

Kautionen Dritter in Aktien der A.-G., die bei letzterer hinterlegt wurden, sind nicht in die Bilanz aufzunehmen, da diese Aktien für die Gesellschaft fremde Aktien sind[56]).

§ 6.

Einige Besonderheiten mögen noch Erwähnung finden:

a) Die Liquidationsbilanz. Befindet sich eine A.-G. in Liquidation, so werden, wie unter normalen Verhältnissen, ihre Aktien bilanziert. Wären sie bilanzunfähig, wie Cosack annimmt, und ihre Veräußerung in diesem Zeitpunkt aus wirtschaftlichen Gründen unangebracht, dann wäre in diesem Falle ein Zirkel ohne Ende geschaffen; denn der Aufsteller der Bilanz darf die Aktien nicht einstellen; er weiß aber, daß ihr Verkauf (denn auch Aktien von A.-G.en i. L. sind verkäuflich), der bei der Liquidation in Betracht zu ziehen ist, eine Summe einbringen wird, die die Aktiva vergrößert; er gibt demnach das Vermögen wissentlich zu gering an, und damit werden die Quoten geringer. Will er dem entgehen und setzt die eventuell zu erwartende Summe in die Bilanz ein, so verstößt er nach Cosacks Ansicht gegen die Gesetze. Es wäre also hier, wo mit dem Verkauf gerechnet werden muß, eine unklare Situation geschaffen, wenn nicht die eigenen Aktien auf Grund der Rechte gegen sich selbst in die Bilanz kämen.

Wird die Liquidation zur Sanierung der A.-G. benutzt und führt dies zur Zusammenlegung der Aktien, so muß selbstverständlich die A.-G. mit ihren eigenen Aktien ebenfalls das Verfahren vornehmen.

b) Die Konkursbilanz. Zieht man die Möglichkeit in Betracht, daß die Aktien einer in Konkurs geratenen A.-G. noch verkäuflich sind, so ist auch hier, wie im vorigen Falle, vor der Abstoßung des eigenen Aktienbesitzes eine genaue Ermittlung der zu zahlenden Prozente unmöglich, wenn

gilt. Aus solchen Erwägungen heraus läßt sich z. B. das Verfolgungsrecht des Distanzverkäufers ((§ 44 K.O.) erklären.

[56]) Ebenso Rehm S. 198. Im Interesse der Sicherheit des Hinterlegenden, wird man von einem depositum irregulare in diesem Falle besser absehen.

man nicht die Bilanzfähigkeit der eigenen Aktien gelten lassen will.

Ist die Dividende bereits festgestellt aber noch nicht ausbezahlt, so hat die A.-G. ein Konkursgläubigerrecht gegen sich selbst in bezug auf die Dividenden ihrer eigenbesessenen Aktien [1]).

c) Die Bilanz des § 240. Die Regel des § 261 Ziff. 1, wonach die eigenen Aktien zum Anschaffungspreis anzusetzen sind, wenn der Börsenpreis höher ist, wird hier nicht aufrecht erhalten; denn man wird annehmen dürfen, daß das Aufrechterhalten der aktienrechtlichen Bilanzvorschriften vom Gesetzgeber aus allgemeinen Billigkeitsgründen nicht beabsichtigt ist [2]). Die Entscheidung ist allerdings streitig.

Bucht man nach Cosack [3]) den eigenen Aktienbesitz überhaupt nicht, so steht man im Widerspruch mit der Anschauung, die sogar von Cosack [4]) selbst mit vertreten wird, daß für Wertpapiere der Kurswert d. h. der Veräußerungswert maßgebend sei für die Bilanz des § 240; denn für sie würde dies nicht in Betracht kommen, sobald sie bilanzunfähig sind. Außerdem ist bei dieser Ansicht der Zustand der Überschuldung viel eher gegeben, als es tatsächlich der Fall ist, denn die Ausgabe für den Erwerb eigener Aktien kommt in der Bilanz zum Ausdruck, ohne einen entsprechenden Gegenposten auf der Aktivseite zu besitzen.

§ 7. Die Stellung der eigenen Aktien bei der Fusion.

Die Fusion zweier A.-G.en muß in den Kreis der Betrachtungen gezogen werden, weil durch sie die bestehenbleibende A.-G. in den Besitz eigener Aktien gelangt.

---

[1]) Goldstein S. 735 und Cosack S. 655 analog für dritte Aktionäre.

[2]) Ebenso R. und F. Esser S. 104, Pinner S. 154, Cosack S. 658, Makower S. 514 Ia, Goldstein S. 726, Denkschrift S. 307, Simon I. S. 469; siehe aber Rehm S. 17 V und S. 26 § 12 betr. der Unterschiede zwischen § 240 Abs. 1 und § 240 Abs. 2; dagegen Staub II. S. 725 Anm. 2, S. 727 Anm. 10.

[3]) S. 636 c.

[4]) S. 658.

Die Fusion kann auf zwei Arten vor sich gehen:

1. Es ist möglich, daß eine A.=G. die Aktien einer anderen A.=G. größtenteils besitzt[1]) (durch Kauf an der Börse usw.), vermittelst dieser Aktien eine Generalversammlung beruft und die Fusion beschließt[2]), zu der ihre eigenen Aktionäre zustimmen. Nach dem Zustandekommen der Vereinigung ist die Gesellschaft im Besitz von Aktien, die vor der Fusion fremde waren, durch die Fusion aber zu eigenen geworden sind[3]). Diese Aktien sollen natürlicherweise wieder abgestoßen werden; es ist nun nicht üblich, sie in ihrer alten Form an die Börse zu bringen, sondern man wandelt sie um in neue Aktien, die den Namen der allein weiterbestehenden A.=G. tragen und junge Aktien genannt werden. Ob die Stückzahl der jungen Aktien gleich der der umgewandelten ist, hängt von dem Wertverhältnisse ab, in dem die Aktien der zwei A.=G.en vor der Fusion zu einander standen.

2. Nicht immer läßt sich der skizzierte Weg einschlagen. Der Kauf der Aktien unter der Hand kann unmöglich sein, entweder weil die kaufende Gesellschaft nicht genügend Barvermögen oder Kredit besitzt, um eine entsprechende Anzahl von Aktien zu erwerben, oder aber weil die Aktien in festen Händen sind. Letzteres ist besonders oft der Fall, wenn eine Gesellschaft übernommen werden soll; denn dann haben gewiegte Kenner der Sachlage sich die Stücke verschafft und geben sie nicht ab, weil sie nicht nur am Kurs gewinnen wollen, sondern durch kluges Handeln den Kaufpreis für die zu übernehmende Gesellschaft zu erhöhen suchen, und dadurch meist mehr Gewinn erzielen, als durch den Verkauf der Aktien an der Börse.

Die übernehmende A.=G. — sie sei mit A bezeichnet — geht daher auf andere Weise vor; sie verständigt sich mit

---

[1]) So besitzt z. B. die Deutsche Bank Berlin fast alle Aktien der Bergisch-Märkischen Bank Elberfeld und benutzt diesen Umstand, nach ihrem Prinzip die Geschäftsführung zu gestalten.

[2]) § 303.

[3]) Der eventuelle Einfluß der einjährigen, getrennten Vermögensverwaltung des § 306 soll hier der Einfachheit halber außer Betracht bleiben.

der anderen A.-G. — sie heiße B — über die Fusion[4]). Angenommen, die Einigung sei erzielt, so beschließt A durch Generalsversammlungsbeschluß, ihr Kapital zu erhöhen, weil erst durch die Kapitalserhöhung die Fusion ermöglicht wird[5]).

Die Erhöhung wird erzielt entweder a) durch Vermehrung der Aktienzahl oder b) durch Erhöhung des Betrages, auf den die Aktien lauten; üblich ist nur das erstere.

Nach § 305 Abs. 1 geht die Kapitalserhöhung auf Grund einer vorzunehmenden Fusion sehr einfach vor sich. Zeichnung, Bareinlage[6]) usw. sind nicht nötig[7]). Verlangt wird lediglich ein gültig gefaßter Beschluß über die Erhöhung, Erfüllung der Vorschriften des § 305 (ev. § 306) und die Schaffung der Exemplare der jungen Aktien.

Ein Charakteristikum der Fusionen ist, daß A den Aktionären von B Aktien gewähren muß als Entgelt[8])[9]); daß diese Aktien gerade junge Aktien sein müssen, wird nicht verlangt. Hat die A.-G. zufälligerweise von ihren früheren Aktien im Besitz, so kann sie diese abgeben[10]); ja man wird sogar annehmen müssen, daß es ihr geradezu erlaubt ist, zu dem Zwecke der Hingabe an die Aktionäre von B, eigene Aktien zu erwerben, weil man annehmen muß, daß § 226 hier nicht in Frage kommt, da der Erwerb nicht im regel-

---

[4]) Näheres darüber und über die zweckmäßige Reihenfolge der abzuschließenden Verträge bei Staub II. S. 912 Anm. 7, S. 915 Anm. 15.

[5]) Folgt aus § 283 Abs. 2.

[6]) Die Einlage ist die zu übernehmende Gesellschaft mit ihren Aktiven und Passiven vergl. dazu § 279.

[7]) Vergl. Lehmann-Ring S. 607 Nr. 7, Staub II. S. 914 Anm. 15, Goldmann S. 1231 Nr. 8, Rehm S. 395, Lehmann II. S. 536, Makower S. 737 Nr. 3 und S. 736 Nr. 3.

[8]) Ebenso Cosack 5. Auflage S. 669, Staub II. S. 912 Anm. 2, Lehmann-Ring S. 606 Nr. 4, Goldmann S. 1228 Nr. 2, Rehm S. 394 II, Makower S. 734 Nr. 1 und 2.

[9]) Ist die zu übernehmende A.-G. B bei sich selbst Aktionär gewesen, d. h. besaß sie eigene Aktien, so werden diese zu demselben Kurse wie die anderen Aktien dritter Aktionäre berechnet und erhöhen um ihren Betrag die Übernahmssumme.

[10]) Lehmann-Ring S. 406 Nr. 8, Makower S. 735 Nr. 3.

mäßigen Geschäftsbetrieb erfolgt[11]). Damit die Aktionäre von B die Aktien von A erhalten, müssen sie ihre Aktien von B zum Umtausch einreichen; bis dies von allen geschehen ist, vergeht meistens geraume Zeit. Obwohl der Gesellschaft A Zwangsmaßregeln zur Verfügung stehen[12]), um den Umtausch zu beschleunigen, so ist es doch nicht üblich, sofort davon Gebrauch zu machen. Die Folge davon ist, daß die jungen Aktien einige Zeit sich im Besitze (und Eigentum) von A befinden. Im Falle des unter 1. geschilderten Verfahrens muß A ebenfalls den Aktionären von B Aktien gewähren; nun ist sie aber selbst der Hauptaktionär und deshalb behält sie die Aktien, die auf ihren Anteil von Aktien der ehemaligen A.-G. B entfallen, als Eigentum in ihrem Besitz. Der Zweck dieser Aktien ist gewöhnlich der, bestmöglichst verkauft zu werden; allein da sich der Verkauf nicht von heute auf morgen bewerkstelligen läßt, so ist auch in diesem Falle mit dem Besitze eigener Aktien zu rechnen.

Fällt in die Besitzzeit ein Jahresabschluß, so müssen diese eigenen Aktien, ebenso wie sonstige eigene Aktien, in die Bilanz aufgenommen werden. Auf Grund der Rechte gegen sich selbst besteht kein Hindernis, dies zu tun.

Die Aktien erscheinen als Aktivum in der Bilanz; auch für sie ist zu wiederholen, daß am besten ein Spezialposten „eigene Aktien" geschaffen würde. Da aber das Gesetz dies nicht verlangt, so können sie unter die Rubrik „Wertpapiere" oder „Effekten" eingereiht werden. Eigentümlicherweise besteht in der Praxis eine große Scheu vor der Aufnahme der eigenen Aktien in die Bilanz, und man stößt am liebsten vor dem Abschluß die Aktien ab. Trotzdem diese legal erworbenen Aktien ruhig unter die Effekten aufgenommen werden können, nnd der Vorstand den etwaigen Fragen der Aktionäre bei der Generalversammlung: „aus welchen Effekten sich das Konto zusammensetze", nach Gepflogenheit dadurch begegnen kann, daß er erwidert: „im Interesse der Geschäfts-

---

[11]) Ebenso Rehm S. 395.

[12]) § 305 Abs. 3.

führung, Konkurrenz usw. geht es nicht an, Näheres darüber mitzuteilen", sodaß auch auf diese Art nichts ohne den Willen der Organe in die Öffentlichkeit dringen kann, so wählt man doch lieber andere Wege, um den Besitz eigener Aktien zu eliminieren. Hierher gehört vor allem der Brauch, einer Vertrauensperson, z. B. einem Mitglied des Aufsichtsrates, ein Konto zu eröffnen, in dem sie mit den vorhandenen, eigenen Aktien belastet wird; in der Bilanz erscheint dann der Saldo aus dem Kontokorrent dieses Kontos. Daß es sich nicht um eine Eigentumsübertragung der Papiere, sondern nur um eine Scheinübertragung handelt, geht daraus hervor, daß der Gewinn oder Verlust aus den Aktien nicht dem Vertrauensmanne zufällt, sondern daß er direkt der A.-G. verrechnet wird. Die Scheu vor dem Besitze eigener Aktien dürfte wohl auch in Frage gekommen sein, als man die Konsortialbeteiligungen ins Leben rief. Will die A.-G. ihre Aktien an der Börse absetzen, so stellt sie mit verschiedenen Banken eine Vereinigung her; die Banken — manchmal ist auch nur ein Bankhaus beteiligt — übernehmen zu bestimmtem Kurse die Aktien, deren Eigentümerin die A.-G. bleibt, und sorgen für deren Absetzung; der Gewinn oder eventuelle Verlust wird auf die Teilnehmer der Vereinigung ausgeschlagen.

Auf diese Weise ist das Ziel erreicht, die eigenen Aktien aus der Bilanz verschwinden zu lassen und an ihre Stelle das Konto „An Konsortialbeteiligung" zu setzen[13]).

Diese Verfahren, von denen das letztere im Gegensatz zu dem ersteren als ein einwandfreieres gekennzeichnet werden kann, gestatten wohl, das Kind mit einem anderen Namen zu nennen, aber an der Sache selbst ändern sie nicht das Geringste, denn nach wie vor ist die A.-G. die Eigentümerin der Aktien.

Selbstverständlich knüpfen sich an die eigenen Aktien, die aus Anlaß der Kapitalserhöhung wegen Fusion sich in den

---

[13]) Simon IV. S. 401 ff. ist der Ansicht, daß Konsortialverpflichtungen nicht in der Bilanz erscheinen.

Händen der A.-G. befinden, alle die bisher erörterten und noch zu erörternden Folgen, die der Erwerb resp. Besitz eigener Aktien mit sich bringt.

§ 8. **Die unentgeltlich erworbenen eigenen Aktien.**

Bisher wurde immer vorausgesetzt, daß die eigenen Aktien auf entgeltliche Weise erworben wurden. Nun soll die Frage, wie verhält es sich, wenn die eigenen Aktien ohne Aufwendung[1]) in das Vermögen der A.-G. gelangen, ihre Beantwortung finden[2]).

Es stehen sich hier zwei Ansichten gegenüber: die eine besagt, daß Sachen, die ohne Aufwendung erworben werden, keinen Anschaffungspreis haben, während die andere einen solchen annimmt, aber ihn gleich Null setzt. Je nach der Zugehörigkeit zu der einen oder anderen Partei erklärt man, daß bei der Bilanzierung solcher Sachen § 261 Ziff. 1 in Betracht käme oder nicht.

Der § 261 Ziff. 1 spricht von Sachen, die einen Marktpreis (bezw. Börsenpreis) oder einen Anschaffungspreis (bezw. Herstellungspreis) haben, also von Dingen mit mehr als einem Preis; fällt nun bei unentgeltlich erworbenen Sachen der eine Preis fort, so ergibt sich die Nichtanwendung des § 261 und § 40 tritt statt seiner ein[3]). Besteht aber der

---

[1]) Es handelt sich um Erbfall, Schenkung usw. Die angezogene Frage gehört in den Rahmen des Themas, weil es sich hier ebenfalls um „Erwerb" eigener Aktien handelt; das Eigentümliche dieses Erwerbes ist in seiner Unentgeltlichkeit zu suchen. Anderer Meinung ist Geiger (bei Busch Bd. 31 S. 334), der Erwerbungen ohne Aufwendung nicht dem Begriffe Erwerb unterordnen will.

[2]) Erwähnt sei, daß für Schenkungen und letztwillige Verfügungen zugunsten von A.-G.en die landesrechtlichen Gesetze und Verordnungen in Betracht kommen, gemäß Art. 2 E.G.H.G.B. verbunden mit Art 86 E.G.B G.B. Für Preußen gilt danach Art. 6 § 1 A.G.B.G.B. (siehe Goldmann S. 903, Simon II. S. 20); für Baden Art. 8 A.G.B.G.B. Außerdem besteht in Baden nach § 13 der allgem. Ausf. V.O. vom 11. November 1899 bei unentgeltlichen Zuwendungen unter 5000 Mk. eine Anzeigepflicht des Vorstandes an das Ministerium. Hiervon aber sind die A.-G.en ausgenommen, vergl. hierzu Dorner S. 89 ff. In Elsaß-Lothringen besteht die Erwerbsbeschränkung für A.-G.en nach § 6 Abs. 2 A.G.B.G B. nicht.

[3]) Siehe S. 56.

Preis — auch wenn er gleich Null ist — so findet § 261 Anwendung. Beispiel: Eine A.-G. bekommt für 10000 Mk. eigene Aktien geschenkt; die erste Ansicht besagt: es ist kein Anschaffungspreis vorhanden, folglich sind sie gemäß § 40 nach ihrem jetzigen Wert, der 10000 Mk. betrage, zu bilanzieren[4]). Die zweite Ansicht sagt: es ist ein Anschaffungspreis vorhanden, aber er ist gleich Null, also niedriger wie der Börsenpreis; folglich ist er zu berücksichtigen und die Aktien — deren tatsächlicher Wert 10000 Mk. beträgt! — sind mit 0 Mk. zu bilanzieren. Wenn auch der unentgeltliche Erwerb in der Praxis nicht allzu häufig vorkommt[5]), so muß doch des Prinzips halber Stellung zu der Frage genommen werden. Da nur geschenkte, eigene Aktien in Betracht gezogen werden, so scheidet der Herstellungspreis aus, und es handelt sich nur um den Anschaffungspreis.

Was bedeutet das Wort Anschaffungspreis? Zur Erklärung muß man auf die zwei Grundbegriffe Preis und Anschaffung zurückgehen. Unter Preis einer Sache versteht man den Inbegriff der Güter, die für den Erwerb der Sache aufgewendet werden müssen, sei es im Tausch oder bei Gewährung von Gegenleistungen[6]) oder eines Wertmessers (Geld). Nicht nötig ist dabei, daß der Preis und der Wert der Sache in einem angemessenen Verhältnisse zu einander stehen; ersterer kann sogar Null werden.

Der Begriff der Anschaffung ist bereits vom Reichsgericht[7]) festgelegt durch die Definition des Anschaffungsgeschäftes; dieses ist jedes auf den Erwerb von Eigentum

---

[4]) Darüber, daß nicht alle Anhänger der ersten Theorie den § 40 zur Ergänzung des § 261 eintreten lassen, siehe S. 55.

[5]) Vergl. jedoch Ring S. 260, 5 Abs. 3; Simon I. S. 339; außerdem Saling II. S. 1190. Hier wurden geschenkt der A.-G. für Eisenindustrie und Brückenbau 240000 Mk. in bar und 468600 Mk. in eigenen Aktien. Der A.-G. Kirchner & Co. schenkte Kommerz.-R. Kirchner 500000 Mk. in eigenen Aktien (Saling II. S. 1202).

[6]) A. M. in bezug auf die Gegenleistungen ist Makower S. 589 V a.

[7]) R. G. Bd. 20 S. 10; ferner Staub I. S. 677 § 1; Cosack S. 28 I 1; Makower S. 7 Ziff. 1a.

gerichtete, entgeltliche Vertragsgeschäft. Man kann also sagen: angeschafft wird, wenn durch Tätigung der Parteien — sei es ausdrücklich, stillschweigend, oder durch konkludente Handlungen — Eigentum erworben wird und zwar in Ansehung der Sache und nach Willen der Parteien in entgeltlicher Weise. Das Entgelt ist dann der Preis. Bezieht er sich nicht auf die Sache, so liegt auch keine Anschaffung vor. Beispiel I: A tritt an B seine Bibliothek ab mit dem Bemerken, daß B an C, der sehr arm ist, 100 Mk. bezahlen solle. Dies ist eine Schenkung mit einer Auflage; ebenso wenn A den B veranlaßt, dem Überbringer der Bücher 10 Mk. Trinkgeld zu geben. Hier bezieht sich die Entgeltlichkeit ebenfalls nicht auf die überbrachte Sache.

Beispiel II: Anders dagegen verhält es sich, wenn A dem B seine Bibliothek, die 700 Mk. wert ist, überläßt mit dem Bemerken, daß er nur 100 Mk. dafür haben wolle, die aber an den armen C auszuzahlen seien. Hier liegt ein Kauf mit einer Bedingung vor und damit eine Anschaffung; denn beide Parteien haben in Ansehung der Sache in die Entgeltlichkeit gewilligt.

Aus dieser Feststellung folgt, daß eine Schenkung, die ja nie zu den Anschaffungsgeschäften gezählt wurde[8]), auch keinen Anschaffungspreis haben kann. Demgemäß ist es nicht angängig, wenn Staub[9]) das Trinkgeld an den Überbringer der geschenkten Sache als Anschaffungspreis ansehen will. Nach ihm setzt sich der Anschaffungspreis zusammen aus allen Aufwendungen, die der Erwerber aufwenden muß, um einen Gegenstand „anzuschaffen"[10]). Dies ist richtig, allein nun setzt er sich in Widerspruch mit sich selbst, wenn er diesen Satz auf die Schenkung anwendet. Denn wenn der Überbringer eine „geschenkte" Sache bringt; so heißt das, es liegt eine unentgeltliche Zuwendung vor und damit keine Anschaffung[11]). Was aber keine Anschaffung ist, kann auch

---

[8]) Cosack S. 28; Staub II. S. 48; Makower S. 7 Ziff. 1; u. a. m.

[9]) Staub II. S. 800 Anm. 25.

[10]) Staub II. S. 798 Anm. 19.

[11]) Siehe Anm. 7.

keinen Anschaffungspreis haben, d. h. das Trinkgeld an den Überbringer der geschenkten Sache ist kein Anschaffungspreis, sondern muß sich als etwas anderes darstellen. Und in der Tat ist es entweder eine vorher mit dem Schenker verabredete Auflage[12]), oder eine nachträgliche, einseitig gewollte Ausgabe, die schon um deswillen keinen Preis ausmacht, weil sie mit der geschenkten Sache als solcher nichts zu tun hat[13]). Zu buchen wäre der Vorgang in dem Kassenkonto etwa: Trinkgeld bei Empfang geschenkter Aktien 10 Mk. —

Über Provisionen läßt sich sagen: sie werden gezahlt entweder für den Abschluß entgeltlicher Geschäfte oder bei unentgeltlichen. Im ersten Falle werden sie dem Preis zugezählt, denn es liegt eine Anschaffung vor; im zweiten Falle, wenn sie z. B. gezahlt wurden für die Vermittlung einer Schenkung, dürfen sie nur als Ausgaben, aber nicht als Anschaffungspreis gebucht werden, weil nach obiger Überlegung keine Anschaffung vorliegt.

Nach den vorstehenden Ausführungen wird man annehmen dürfen, daß die Theorie, die bei geschenkten Wertpapieren keinen Anschaffungspreis annimmt, die richtige ist. Daraus ergibt sich, daß diese Papiere über das Erfordernis des § 261 Ziff. 1 — nämlich einen Anschaffungs- und einen Börsenpreis zu besitzen — nicht verfügen. Die Vorschriften des § 261 Ziff. 1 dürfen deshalb nicht auf sie angewendet werden. Für die Weiterbehandlung der Frage sind zwei Möglichkeiten in Betracht zu ziehen:

1. Es heißt in § 261: „Wertpapiere . . . dürfen . . . höchstens zum Anschaffungspreis angesetzt werden." Haben sie keinen Anschaffungspreis, so dürfen sie überhaupt nicht angesetzt werden, folgert die eine Auffassung[14]).

2. Oder man folgert: sie haben keinen Anschaffungspreis, folglich gehören sie nicht zu den Wertpapieren des § 261

---

[12]) Siehe Beispiel I auf S. 54.

[13]) Siehe die Preisdefinition auf S. 53.

[14]) Lehmann II. S. 304; Staub II. S. 800 Anm. 26, weitere Autoren bei Makower S. 592b und Rehm S. 191 Anm. 1 und 2.

Ziff. 1, sondern zu den Vermögensgegenständen des § 40 [15]). Im Eingang dieser Erörterung war ein Beispiel gewählt worden, das der zweiten Möglichkeit entspricht, um den hier eingenommenen Standpunkt anzudeuten; jetzt soll er begründet werden.

Die erste Anschauung kann nur dann bestehen, wenn § 261 als Spezialvorschrift den § 40 ausschließt; wenn die gesamte Materie, die für die Bilanz einer A.=G. in Frage kommt, in ihm erschöpfend geregelt ist. Ist dies tatsächlich der Fall, dann muß all das, was nicht durch ihn in die Bilanz eingesetzt wird, unbedingt aus ihr fortbleiben. Nun kann man aber dem § 261 diese Bedeutung nicht beilegen; denn er führt in seiner Aufzählung so wichtige Posten nicht an, daß man seine Ausschließlichkeit füglich bezweifeln darf. So wird nichts gesagt über die Schulden einer A.=G., ebenso nichts über ihre Forderungen [16]), während beide doch sicher Bilanzposten darstellen! § 261 wird daher nur als eine Ergänzung des § 40 zu betrachten sein; letzterer regelt seinerseits diese Punkte und wird von § 261 nicht ausgeschlossen. Um deswillen verdient auch die zweite Anschauung, die den § 40 neben § 261 bestehen läßt, den Vorzug [17]). Die A.=G. muß aber ihre eigenen, unentgeltlich erworbenen Aktien ansetzen zu dem Wert [18]), der ihnen in dem Zeitpunkt, für den die Bilanz gilt, zukommt [19]). Diese Auffassung hat außer=

---

[15]) So z. B. Goldmann S. 1082 Nr. 18, anscheinend ebenso Simon I. S. 220 Anm. 202.

[16]) Siehe auch Makower S. 586 I.

[17]) Rehm S. 191 IIIB. mit weiterer Begründung; Makower S. 586 I.

[18]) Notieren die Aktien nicht an der Börse d. h. sind sie ohne Kurs, so kann es fraglich sein, welcher Wert anzusetzen ist; es würde zu weit führen zu erörtern, ob der dann anzusetzende Wert dargestellt wird durch den objektiven Geschäftswert (Rehm S. 454 u. 455) oder durch den Wert, den die Aktien für einen Dritten haben, der als Übernehmer der A.=G. gedacht wird, und der die Gesellschaft in gleichbleibender Weise fortführen soll (Reisch II. S. 67;) außerdem wäre es völlig nutzlos, sich der einen oder anderen Theorie, die mit einem „objektiven Wert" operiert, anzuschließen, da nicht zu verkennen ist, daß bei dieser Ansetzung das subjektive Gefühl des Ansetzenden die Hauptrolle spielt und spielen muß.

[19]) Angesichts des genau bestimmten Zeitpunktes des § 40 scheint die Schwenkung Makowers S. 592 b nicht recht statthaft.

dem noch einen praktischen Vorteil; sie verhindert, daß die A.-G., die nach der anderen Meiuung ihre unentgeltlich erworbenen Aktien mit Null in der Bilanz bewerten müßte, die Aktien im Reportgeschäft verkauft, um einen Preis zur Ansetzung zu erlangen[20]); mit anderen Worten: sie treibt die A.-G. nicht zu Geschäften, die leicht in Spekulationen ausarten können. Ist das Reportgeschäft ein Scheingeschäft, so kann sogar ein strafbarer Verstoß gegen § 314 Ziff. 1 gegeben sein[21]).

Behält die A.-G. die eigenen, geschenkten Aktien[22]), so wird sie für jede Bilanz nach § 40 ihren Wert ermitteln und einsetzen müssen; denn es soll konsequentermaßen davon abgesehen werden, für geschenkte Gegenstände einen Anschaffungspreis anzunehmen, wie dies schon geschehen ist[23]), indem man den Wert, zu dem diese Sachen zum ersten Male in der Bilanz erschienen, als solchen betrachtete. Es wird dadurch auch die Härte des § 261 Ziff. 1 umgangen, durch die ein geringer Anschaffungspreis für all die Jahre des Besitzes stereotyp in der Bilanz wiederkehrt, während das Objekt viel wertvoller geworden ist[24]).

V.

Verwendung und Gebrauch eigener Aktien.

§ 9. Eigene Aktien im gesetzlichen Reservefonds unmöglich.

Vielfach ist in der Literatur die Frage erörtert worden, ob der Reservefonds des § 262 ganz oder teilweise in eigenen Aktien angelegt werden dürfe. In der Beantwortung der

---

[20]) Rehm S. 91 und 92.

[21]) Simon I. S. 342, Ring S. 587 oben.

[22]) Eine Veräußerungspflicht der A.-G. bezüglich ihrer eigenen Aktien ist im Gesetz nicht vorgeschrieben.

[23]) so z. B. Rehm S. 191 III A 2; Lehmann-Ring § 261 Nr. 6.

[24]) Man halte dem nicht entgegen: daß die Härte ja jederzeit umgangen werden könne durch Veräußerung des wertvoll gewordenen Objektes und durch

Frage ist man keineswegs einer Meinung. Bevor jedoch näher darauf eingegangen werden kann, muß das Wesen des Reservefonds des § 262 klar gelegt werden, weil darüber manche irrige Ansichten verbreitet sind, und weil es der genauen Feststellung des Begriffes Reservefonds bedarf, um eine Entscheidung treffen zu können.

Im Gesetze finden sich über den Reservefonds folgende wichtige Bestimmungen:

1. Der Reservefonds ist in der Bilanz ein Passivum (§ 261 Ziff. 5);

2. er dient zur Deckung des Verlustes, der sich aus der Bilanz ergibt (§ 262 Abs. 1);

3. er wird geschaffen und vergrößert durch Einstellung genau fixierter Posten (§ 262 Abs. 1—3).

Seine Entstehung mag er wohl folgender Überlegung verdanken: Bei einem gutgeführten, soliden Unternehmen eines Einzelkaufmannes wird gewöhnlich dasjenige vom Gewinn, das nicht zum Lebensunterhalt verwandt wird, wieder ins Geschäft gesteckt und dieses dadurch finanziell gekräftigt. Eine A.-G. dagegen krankt an dem Übelstand, daß sie durch die Art ihrer Existenz darauf angewiesen ist, mehr von dem Gewinn ihrem Betriebe zu entziehen und ihn so pekuniär zu schwächen. Um dem zu begegnen — wenigstens einigermaßen —, schreibt das Gesetz vor, daß bei der Gewinnermittlungsbilanz das Passivkonto künstlich vergrößert werde, um den Gewinn zu schmälern und damit die Entziehung von Geldeswert geringer zu gestalten. Den Posten, der die künstliche Vergrößerung auf der Passivseite bewirkt, nennt man Reservefonds.

Einsetzung des dafür gelösten Preises in die Bilanz, denn nicht immer ist eine solche Veräußerung möglich. Man denke z. B.: der Grund und Boden, auf dem die Gebäude einer A.-G. stehen, hat durch seine Lage ungeheuer und bleibend an Wert gewonnen; trotzdem wird er nicht verkauft, weil kein anderes Grundstück, das so günstig liegt, erworben werden kann.

Die Vorschrift des § 261 entsprang der guten Absicht, nicht realisierten Gewinn vor der Ausschüttung zu bewahren (Simon I. S. 335), allein es ist leicht möglich, daß sie zur Verschleierung der Bilanzwahrheit beitragen kann (Cosack S. 647 unten).

Beispiel:

Passiva:		Aktiva:	
Grundkapital	60000	An Aktiven	100000
Kreditoren usw.	20000		
Gewinn	20000		
	Mk. 100000		Mk. 100000

Hier würden 20000 Mk. Gewinn zur Verteilung gelangen können. Will man aber aus irgend welchen Gründen weniger verteilen, so wird dies wie folgt erreicht:

Passiva:		Aktiva:	
Grundkapital	60000	An Aktiven	100000
Kreditoren usw.	20000		
erzielter Gewinn 20000 Mk; davon zurückbehalten als Reservefonds	10000		
verteilbar als Gewinn	10000		
	Mk. 100000		Mk. 100000

Das Gesetz hat diese Art der Buchung durch die §§ 261 Ziff. 5 und 262 sanktioniert, so daß sie bis zu einem bestimmten Prozentsatze des Gewinnes ausgeübt werden muß. Solange dieser Betrag nicht überschritten wird, kann ein Aktionär nicht klagen, um die Dividendensumme von dieser Kürzung zu befreien.

Hält man den Gedanken fest, daß der R. eine künstliche Vergrößerung der Passivseite der Bilanz bedeutet, so bereitet es keine Schwierigkeit einzusehen, daß er mit der vorhandenen Aktivmasse als solcher nichts zu tun hat. Aus dem angeführten Beispiel geht dies auch klar hervor; die Aktiven betragen nach wie vor 100000 Mk., ob ein R. vorhanden ist oder nicht, d. h. ob 10000 Mk. oder 20000 Mk. zur Verteilung gelangen. Nur insofern hängt der R. mit den Aktiven zusammen, als er ein Aktivvermögen in seiner Höhe bindet und vor der Verteilung bewahrt. In dem Beispiel stehen ohne R. den Aktiven in Höhe von 100000 Mk. Passiven in Höhe von nur 80000 Mk. gegenüber, mit dem R. aber in Höhe von 90000 Mk. d. h. die Aktiven müssen 10000 Mk. Passiven mehr decken, und demgemäß wird der Überschuß von 20000 Mk. um diese Summe kleiner. Der R. schafft keine Aktiven, sondern er setzt geschaffene Aktiven voraus, die er dann vor Verteilung schützt. Auch jetzt, nachdem der R. mit 10000 Mk. dotiert ist, sind nicht um 10000 Mk. mehr Aktiva vorhanden, sondern es müssen, wenn im nächsten Jahre Gewinn vorhanden sein soll, von vornherein 10000 Mk. mehr Aktiva geschaffen werden (verdient werden), um der Passivpost das Gleichgewicht zu halten.

Es läßt sich, um das Wesen des Reservefonds zu charakterisieren, der Satz formulieren: Der Reservefonds, den das Gesetz vorschreibt, und der daher auch gesetzlicher oder Zwangsreservefonds genannt wird, ist ein reines Passivum, eine Ziffer oder Rechnungspost; er bindet wohl Aktiva, aber er kann unmöglich aus Aktiven bestehen.

Weil er nicht aus Aktiven bestehen kann, hätte man ihn in richtigerer Weise besser Reservekonto genannt, weil das Wort Reservefonds leicht an angesammelte Mittel (Aktiva) denken läßt [1]).

Beispiele und Erläuterungen mögen nun dazu beitragen, etwaige Zweifel an der Richtigkeit obiger Formulierung schwinden zu lassen.

Die Natur des gesetzlichen Reservefonds [2]), ein Rechnungsposten zu sein, erhellt deutlich auch aus dem Umstand, daß er nur dann eingestellt wird, wenn es sich um Gewinnverteilung oder -ermittlung handelt, oder negativ ausgedrückt, daß er dann nicht eingestellt wird, wenn es sich um Feststellung der Höhe des tatsächlich vorhandenen Vermögens handelt wie z. B. bei der Bilanz der § 240 [3]).

Ist aber eine materielle Vermögensgröße in Höhe des

---

[1]) Siehe auch Makower S. 601, Beigel S. 39, Keyssner S. 516, Staub II. § 262 Anm. 2. Die deutsche Dampfschiffahrtsgesellschaft Kosmos A.-G. nennt in ihrer Bilanz vom Dezember 1904 (veröffentlicht in der Frankf. Zeitg. vom 29. März 1905 viertes Morgenblatt) den g. R. Reservekonto.

[2]) Für den Reservefonds des § 262 werden, um Verwechslungen vorzubeugen, fortab die Worte: gesetzlicher Reservefonds oder Zwangsreservefonds resp. deren Abkürzungen g. R. oder Zw. R. gebraucht.

[3]) ebenso Makower S. 514 I a, Rehm S. 571 II B. u. S. 17 V 2 u a. m.

Zw. R. vorhanden, und wird sie womöglich getrennt verwaltet und als „gesetzlicher Reservefonds" bezeichnet, so ist dieser Fonds dennoch nicht der Zw. R., der nicht aus einem Sondervermögen gebildet werden kann. Ein Beispiel[4]) möge dies zeigen:

Die A.-G. A hat im ersten Jahre ihres Betriebes 10 000 Mk. Gewinn erzielt; 5000 Mk. sind von der Verteilung ausgeschlossen und werden dem gesetzlichen Reservefonds zugewiesen, der damit ins Leben tritt. Das Statut der A.-G. schreibt vor, daß die betreffende Summe in Wertpapieren angelegt und „gesetzlicher Reservefonds" genannt werden soll. Der Vorstand will die Angelegenheit gewissenhaft ordnen; er hält bare 5000 Mk. zurück, legt sie in eine Blechkassette, die die Aufschrift trägt: „gesetzlicher Reservefonds"; demnächst will er sichere Staatspapiere kaufen. In der Bilanz steht richtig unter den Passiven: gesetzlicher Reservefonds: 5000 Mk. Da wird plötzlich die Kassette mit dem Gelde gestohlen. Wäre in der Tat der g. R. ein Aktivum d. h. könnte wirklich die vorhandene Geldsumme von 5000 Mk. den gesetzlichen Reservefonds darstellen, dann hätte der Vorstand das Recht zu sagen: „Unser gesetzlicher Reservefonds ist gestohlen worden." Er dürfte dann auch, weil der Fonds nicht mehr existiert, ihn aus der nächsten Bilanz[5]) fortlassen und einsetzen: gesetzlicher Reservefonds: 0.

All dies ist aber unmöglich; nicht der g. R. ist gestohlen worden, sondern 5000 Mk. der *Aktivmasse*, die eine Rücklage bilden sollten. Es darf in der nächsten Bilanz nicht heißen: gesetzlicher Reservefonds 0, sondern: gesetzlicher Reservefonds: 5000 Mk. ebenso wie in dieser Bilanz; denn das Gesetz schreibt ausdrücklich in § 262 vor, daß nur Bilanzverlust den g. R. mindert. Er kann demnach durch Dieb-

---

[4]) nach Cosack.

[5]) Um das Beispiel nicht unnötig zu komplizieren, ist angenommen, daß diese nächste Bilanz weder Gewinn noch Verlust aufweise, so daß weder eine Vermehrung noch Verminderung des g. R. aus diesen Gründen in Betracht kommt. Will man aber Gewinn oder Verlust annehmen, so ändert dies an der Betrachtungsweise natürlich nicht das Geringste.

stahl nicht geringer werden oder verschwinden, solange dadurch kein Bilanzverlust eintritt. Was gestohlen wurde, das waren 5000 Mk. der Aktivmasse, die eine wohlmeinende Absicht gesetzlichen Reservefonds nannte; dadurch werden wohl die Aktiven um 5000 Mk. gemindert, der Buchposten g. R. aber bleibt intakt.

Ganz ebenso verhält es sich in folgendem Falle:

Eine A.-G. besitzt bei einem Bankier ein Schrankfach (Safe) zur Aufbewahrung von Wertpapieren. In dem Kasten liegen 20000 Mk. in Aktien und Staatspapieren; sie werden vom übrigen Vermögen getrennt gehalten und Reservefonds genannt. Ein besonderes Konto ist vorhanden, das Reservefondskonto, in dem jeder Zu- und Abgang des Reservefonds genau verzeichnet wird.

In der letzten Bilanzaufstellung belief sich der g. R. der Passivseite ebenfalls auf 20000 Mk.

Unter den Wertpapieren in dem Kasten sind 5000 Mk. Aktien einer A.-G., die in Konkurs gerät. Es kommt zu einem Zwangsvergleich und die A.-G. zahlt 10%; die Aktien haben also einen Wert von 500 Mk. Darauf hin wird im Reservefondskonto 4500 Mk. Verlust gebucht, so daß der Fonds nur noch 15500 Mk. beträgt. Sonst hat die A.-G. keine Verluste in dem laufenden Geschäftsjahr; im Gegenteil, sie wird mit einem ungefähren Gewinn von 100000 Mk. abschließen. Wenn zur Aufstellung der Bilanz geschritten wird, so liegt der Gedanke sehr nahe, den Posten gesetzlicher Reservefonds nicht mit 20000 Mk. aus der vorjährigen Bilanz herüberzunehmen, sondern ihn mit 15500 Mk. anzusetzen, denn „er hat sich ja vermindert.“ Allein das ist, wie in dem vorigen Beispiel, nicht angängig; denn der Buch- und Rechnungsposten: gesetzlicher Reservefonds kann durch Falliment einer anderen A.-G. nicht vermindert werden; er wird nur kleiner durch Verluste, die die eigene Bilanz ergeben; diese verzeichnet aber einen Gewinn von 100000 Mk., deshalb muß der g. R. mit 20000 Mk. angesetzt werden. Außerdem erhöht er sich in diesem Falle noch um den gesetz- oder statutenmäßigen Betrag. Daß eine Rücklage, die „Reservefonds" genannt wird, eine Minderung erfahren hat, daß im „Reservefondskonto" 4500 Mk. Verlust zu buchen waren, das alles berührt den g. R. absolut nicht, solange dadurch nicht die eigene Bilanz einen Verlust aufweist. Wird aber in dem gegebenen Falle angenommen, daß statt 100000 Mk. nur 2000 Mk. Gewinn erzielt werden, so weist die Bilanz durch Verrechnung der Einbuße von 4500 Mk. schließlich einen Verlust von 2500 Mk. auf. Jetzt erst ist die Möglichkeit gegeben, den g. R. zu vermindern; und zwar geschieht dies durch Herabsetzung der Ziffer des g. R. Er sinkt nun von 20000 Mk. auf 17500 Mk., nicht aber sinkt er auf 15500 Mk.; denn er hat nicht den Verlust des sogenannten „Reservefonds" zu decken, sondern nur den Bilanzverlust, und der wurde zu 2500 Mk. angenommen.

Eine andere Möglichkeit:

Die ebengenannte A.-G., die 20000 Mk. getrennt aufbewahrt und Reservefonds nennt, erleidet durch die Untreue eines Angestellten einen Verlust von 18000 Mk., während ihr Gewinn in demselben Geschäftsjahre 100000 Mk. beträgt, also keine Unterbilanz vorhanden ist. Der wirkliche g. R. belief sich auf 20000 Mk. Wenn nun die Statuten dem Vorstand oder der Generalversammlung in der Verwendung der Rücklagen freie Hand lassen, so kann das betreffende Organ ohne weiteres anordnen, daß der Verlust von 18000 Mk. in der Art verrechnet wird, daß von dem Aktivposten, dem sogenannten Reservefonds, 18000 Mk. abgeschrieben werden, so daß er nur noch 2000 Mk. beträgt. Niemand, am wenigsten das Gesetz wird etwas dagegen haben; denn trotz der Bezeichnung Reservefonds ist dieser Fonds kein g. R. und kann daher zur Deckung von Verlusten, die sich nicht aus der Bilanz ergeben, Verwendung finden. Obwohl dieser Fonds sich nur noch auf 2000 Mk. beläuft, ist der wirkliche g. R. nach wie vor in der Höhe von 20000 Mk. vorhanden und wird sogar, da ein Gewinn von 100000 Mk. angenommen wurde, einen Zuwachs erhalten können.

Es ist also daran festzuhalten, daß eine materiell vorhandene Vermögensgröße in Höhe des Betrages des g. R.

ein Aktivum ist und nichts gemeinsam hat mit dem Rechnungsposten, den wir unglücklicherweise gesetzlichen Reservefonds nennen[6]).

Das Vorhandensein eines solchen aktiven Sondervermögens gibt Rehm[7]) den Anlaß, den g. R. als „speziell bedeckt" zu bezeichnen. Auch diese Bezeichnung ist irreführend; Rehm selbst weist nach, daß der g. R., auch wenn er wie Rehm sagt, „unbedeckt" ist, doch in den vorhandenen Aktiven seinen Gegenwert besitzt, d. h. bedeckt ist. Ist also der unbedeckte g. R. schon bedeckt, so kann der Ausdruck „speziell bedeckter Reservefonds" nur besagen wollen, daß ein Sondervermögen den g. R. repräsentiert, oder daß er „angelegt" ist. Dies ist aber unmöglich.

Noch irreführender wirkt es, wenn Rehm sagt (S. 570): „Nur das ist zutreffend: ohne passiven Reservefonds kein aktiver" und S. 594: „Zwar besteht zwischen ihnen sachlicher Zusammenhang, der aktive Reservefonds hat einen passiven zur Folge." Wenn dies dem Sinne nach auch vollkommen richtig ist, weil § 261 Ziff. 5 vorschreibt, daß jeder Reservefonds auf der Passivseite seinen Platz findet, so verleitet dieser Gedanke in obige Worte gekleidet leicht zu unrichtiger Folgerung; denn wenn, wie Rehm sich ausdrückt, der aktive Reservefonds einen passiven zur Folge hat, so liegt es nahe zu argumentieren: dann hat der passive Reservefonds einen aktiven zur Voraussetzung. Und dies ist für den g. R. das Verkehrte. Es wurde zur Genüge nachgewiesen, daß der g. R. vollkommen unabhängig ist von allen Aktiven und somit auch von dem aktiven Sondervermögen, das mit dem Namen „gesetzlicher Reservefonds" oder „spezielle Bedeckung des Reservefonds" bezeichnet wird.

Legt eine A.-G. irgend eine Reserve in Vermögenswerten an, die dann nach § 261 Ziff. 5 ein Passivposten ist, so wird,

---

[6]) Man soll daher auch nicht von einem reell vorhandenen Reservefonds im Sinne von tatsächlichen Vermögensgegenständen sprechen, wie es z. B. bei Ring S. 251 oben, Seidler S. 108 der Fall ist; denn auch der g. R. ist reell vorhanden, wenn er als bloße Rechnungsgröße erscheint.

[7]) Rehm § 148.

wenn es das Statut nicht ausschließt, dieser Passivposten sich mindern, sobald durch Kursverlust, Veräußerung, Diebstahl usw. diese Vermögenswerte sich mindern; ebenso wird er größer, wenn sich die Reserve durch Kursgewinn, Zukaufen neuer Effekten usw. vergrößert. In diesem Falle entspricht der Passivposten genau der Höhe der Reserve, denn er ist ja die Reserve selbst, nur auf der Passivseite gebucht, um sie zu binden. Daß dies ein Ding der Unmöglichkeit ist beim g. R., wurde bereits gezeigt; er wird durch Ereignisse, die ein Sondervermögen berühren, weder größer noch kleiner, auch dann nicht, wenn es das Statut vorschreiben würde; denn über dem Statut steht das Gesetz, und dies bestimmt die Änderung des g. R. einzig und allein nach § 262. Es ist demgemäß der Gegenposten des g. R., den Rehm die spezielle Bedeckung des Reservefonds nennt und auf die Aktivseite setzt, durchaus keine Anlegung des g. R. oder eine Größe, die für das Wesen des g. R. von Bedeutung sein könnte. Man kann freiwillige Reserven anlegen oder bedecken soviel man will, bei dem g. R. wäre es ein vergebliches Bemühen. Denn um es nochmals zu wiederholen: was nutzt es, entsprechend dem Betrage des wirklichen g. R. eine bestimmte Summe abseits aufzubewahren und g. R. zu nennen, wenn der g. R. auch dann, wenn diese abgesonderte Summe gestohlen wird, in seiner vollen Höhe bestehen bleibt[8])? Solange ein in Vermögenswerten angelegtes Sondervermögen den Zufälligkeiten unserer Erde ausgesetzt ist, — und das ist es immer —, solange hängt seine Höhe auch von diesen Zufälligkeiten ab, und solange wird auch der g. R. nie durch eine solche materielle Summe dargestellt werden können; denn für ihn hat das Gesetz bestimmt, daß seine Höhe nur von den Zufälligkeiten der Bilanz — also von einem wesentlich engeren Kreise von Zufälligkeiten — abhängt. Wenn aber von zwei Größen (Sondervermögen [$=$ a] und g. R. [$=$ b]), die eine $a = f(x, y, z)$ während[9]) die andere $b =$

---

[8]) Vorausgesetzt, daß die Bilanz keinen Verlust aufweist.

[9]) Erläuterung der mathematischen Formeln: f bedeutet „Funktion" oder

f (x), so kann es in einem Augenblicke einmal vorkommen, daß a = b ist (nämlich wenn y = 0 und z = 0) aber niemals kann a identisch b sein. Mit anderen Worten: es läßt sich wohl für Augenblicke erreichen, den Betrag des Sondervermögens dem des g. R. gleich zu machen, allein damit ist doch nicht das Sondervermögen zum g. R. geworden. Gibt das Gesetz Vorschriften über die Verwendung des g. R., so beziehen sie sich nur auf den Buchposten der Passivseite, denn der g. R. ist kein Aktivum, sondern ein Passivum. Über ein aktives Sondervermögen, gesetzlicher Reservefonds genannt, verfügt demnach, da das Gesetz darüber schweigt, das Gesellschaftsstatut bezw. die Generalversammlung.

Beispiel: Der Vorstand einer A.-G., deren g. R. sich auf 20 000 Mk. beläuft, hatte geglaubt, in dieser Höhe Aktivvermögen ansammeln und unter dem Namen gesetzlicher Reservefonds gesondert verwalten zu müssen. Die Bilanz lautet inbezug auf den g. R.

Passiva:		Aktiva:	
Grundkapital	1 000 000	An Aktiven	1 000 000
g. R.	20 000	Wertpapiere des g. R. . .	20 000
	Mk. 1 020 000		Mk. 1 020 000

Der Vorstand erfährt, daß es nicht nötig ist, Aktivwerte bereitzuhalten, ja daß es nicht einmal möglich ist, den g. R. anzulegen. Er will nun aus den Wertpapieren des gesetzlichen Reservefonds einen Unterstützungsfonds bilden. Auf seine Anregung hin beschließt die Generalversammlung in einem Jahre, das 100 000 Mk. Gewinn brachte, die Umbildung vorzunehmen. Die Bilanz lautet dann:

---

hier in passender Weise „abhängig von". Also a ist abhängig von x, y und z; b ist abhängig von x. Von was sind nun a und b abhängig? a von den Zufälligkeiten der Erde, also auch z. B. von der Bilanz der A.-G., von Diebstahl usw. Es soll nun bedeuten x die Bilanz, y den Diebstahl u. z alle übrigen Zufälligkeiten der Erde; so daß a = f (x, y, z) in Worten heißt: a ist abhängig von der Bilanz, dem Diebstahl und anderen Zufälligkeiten der Erde, während b nur abhängig ist von der Bilanz.

Passiva:		Aktiva:	
Grundkapital	1 000 000	An Aktiven	1 100 000
g. R.	20 000	Wertpapiere des Unterstützungsfonds	20 000
Unterstützungsfonds	20 000		
Gewinn	80 000		
	Mk. 1 120 000		Mk. 1 120 000

Es bleibt hier der g. R., trotzdem seine spezielle Bedeckung dahin ist, in seiner vollen Höhe bestehen, denn die Bilanz ergibt keinen Verlust und damit keine Verminderung des g. R. Dadurch ist nochmals gezeigt, daß der aktive Fonds in Höhe des g. R., der von Rehm die spezielle Bedeckung des g. R. genannt wird, nicht identisch ist mit dem g. R.[10]).

Wie schon erwähnt, wäre es das beste sowohl für den Rechnungsposten: gesetzlichen Reservefonds, als auch für die Rücklage, die Reservefonds genannt wird, andere Worte zu prägen. Man würde sich dann bald daran gewöhnen, die Begriffe völlig zu trennen. Bald wäre auch die Ansicht ausgerottet, die den g. R. sozusagen teilt, so daß sie seine juristische Seite ausgedrückt findet in der Aufnahme unter die Passiven und seine wirtschaftliche Seite erblickt in dem Vorhandensein einer aktiven Sondervermögensmasse! Man würde nicht mehr sagen: „Der Reservefonds braucht an

---

[10]) Anscheinend derselben Meinung ist Reisch II. S. 39 und 40. Rehm (S. 576 ff.) zieht, um seine Auffassung vom speziell bedeckten Reservefonds durch das Gesetz zu stützen, zum Vergleich mit dem Zwangsreservefonds den Prämienreservefonds heran, von dem das pr. V.G. in § 57 vorschreibt, daß er entsprechend dem Betrage der Prämienreserve (der Passivseite) anzulegen sei. Dieser Vergleich ist nicht zutreffend (ebenso aus anderen Gründen Reisch II. S. 41); denn hier handelt es sich um eine ganz andere Sache. Hier wird ein Aktivvermögen abgesondert in Höhe eines Reservekontos; es darf nur zu ganz bestimmten Zwecken (pr. V. G. § 61) verbraucht werden. Einmal im Jahr muß es in Übereinstimmung gebracht werden mit dem Konto, das seinerseits nach selbständigen Grundsätzen berechnet und verändert wird. Der Prämienreservefonds hat mit der Prämienreserve nur gemein, daß jährlich einmal eine Regelung zwischen ihnen eintreten muß, und daß außerdem Forderungen, die auf die rechnungsmäßige Prämienreserve gehen, unter besonderen Umständen in besonderer Weise aus dem Prämienreservefonds reguliert werden (§ 61 Abs. 3.) Man ersieht hieraus, daß keineswegs gleiche Verhältnisse zum Vergleich herangezogen wurden. Siehe auch Simon I. S. 191 ff.

sich nicht in bestimmten Werten angelegt zu werden[11]), weil klar wäre, daß er überhaupt nicht angelegt werden kann. Es würde die Vorstellung weichen, als ob man Geld und Geldeswert im g. R. aufspeichern müßte (als ob dies in einem Passivum überhaupt möglich wäre!), um in schlechten Geschäftsjahren den Verlust, der sich aus der Bilanz ergibt, durch Versilberung der Schätze des g. R. zu decken. Man wüßte ganz allgemein, daß dies nicht möglich ist, daß vielmehr eine buchmäßige Herabsetzung der gesetzlichen Reservefondsziffer auf der Passivseite genügt, den Effekt zu erzielen.

Durch diese Klarstellung des Begriffes „gesetzlicher Reservefonds" erledigt sich die Frage, ob eigene Aktien in ihn aufgenommen werden dürfen, von selbst.

Eigene Aktien sind in jedem Falle Aktiva und daher ist es unmöglich, sie im gesetzlichen Reservefonds d. h. in einem Passivum unterzubringen.

Da leider nicht nur der g. R. des § 262 existiert, sondern noch ungezählte statutarische Rücklagen Reservefonds heißen[12]), so soll noch kurz die Anlage dieser Reserven[13]) in eigenen Aktien erörtert werden.

Besitzt eine A.-G. eigene Aktien, so kann sie dieselben entweder ihren Effekten zuzählen, oder sie — sei es allein, sei es mit anderen Vermögenswerten zusammen — absondern, um eine Reserve daraus zu bilden[14])[15]). Sie kann die

---

[11]) Lehmann II. S. 298; A. Meyer § 262 Anm. 1.

[12]) Näheres über die Verwechslung und Unklarheit der Begriffe findet sich in der Anm. 12 a, die ihrer Größe wegen als Anhang (S. 74) zu diesem Paragraphen gegeben wurde.

[13]) Die aktiven Sondervermögen sollen der Einfachheit halber Reserven genannt werden.

[14]) In der Literatur begegnet man häufig dem Satze: legal erworbene Aktien dürfen in den Reservefonds." (Z. B. bei Staub II. § 226 Anm. 2.) M. E. dürfen auch Aktien, die contra legem erworben wurden, eine Reserve bilden, ohne daß die A.-G. dadurch strafbarer wird; denn nur der Erwerb ist unter gewissen Umständen unter Strafe gestellt, nicht aber der erlaubte Gebrauch der unrechtmäßig erworbenen Aktien; denn sonst müßte auch schon die Einsetzung der illegal erworbenen Aktien in die Bilanz einen neuen Strafgrund abgeben.

[15]) Abzuweisen sind diejenigen Autoren, die die Anlage eigener Aktien als

Reserve auch Reservefonds nennen, ohne daß dem etwas entgegen stünde; nur von der Benennung gesetzlicher Reservefonds oder Wertpapiere des g. R. sollte aus den oben angeführten Gründen abgesehen werden. Ob die eigenen Aktien in die Effekten eingereiht oder als Reserve abgesondert wurden, macht sich vor allem in der Bilanzaufstellung geltend; denn im ersteren Falle erscheinen sie nur auf der Aktivseite, während sie im zweiten Falle gemäß § 261 Ziff. 5 als Reserve auch auf der Passivseite erscheinen.

Will die A.-G. die Höhe der Reserve gleich machen der Höhe des gesetzlichen Reservefonds, so bleibt ihr dies unbenommen. Nun ist aber, wie gezeigt wurde, die Reserve trotzdem nicht identisch mit dem g. R. und daraus ergibt sich als eine der wichtigsten Folgerungen der Betrachtung über den Reservefonds, daß dem Gesetze noch nicht Genüge geleistet ist, wenn einem aktiven Sondervermögen, das in den Aktiven der Bilanz als Reserve figuriert, in den Passiven der gleich hohe (oder eventuell höhere) Betrag des g. R. gegenübergestellt wird. Mit klaren Worten sagt § 261 Ziff. 5: „. . . und der Betrag eines jeden Reserve- und Erneuerungsfonds ist unter die Passiven aufzunehmen."

Wenn es hier heißt „der Betrag" der Reserve sei in die Passiven aufzunehmen, so darf das nicht dahin ausgelegt werden, als ob es erlaubt sei, in den Passiven eine Ziffer anzusetzen, die gleich ist der Höhe der aktiven Reserve und diese Ziffer nun zu verbinden mit einem Begriff — dem g. R. —, der nur Passivpost ist, so daß die Ziffer auf der Passivseite einmal in sich verkörpert die Erfüllung der gesetzlichen Vorschrift des § 261 Ziff. 5 mit Bezug auf die aktive Reserve und außerdem den gesetzlich vorgeschriebenen Reservefonds des § 262.

Diese Anschauung erscheint noch plausibler, wenn aktive Reserve und g. R. in gleicher Höhe gehalten werden; denn dann sieht es aus, als ob man tatsächlich imstande wäre, mit der Passivziffer zwei gleichartige Beträge auszudrücken.

Reserve nicht zulassen wollen. z. B. Hirsch S. 32, Bachmann S. 10, Zimmermann II. S. 279, Hergenhahn S. 96.

Allein man wird nicht fehlgehen, wenn man diese Ansicht als irrig bezeichnet; denn wenn das Gesetz besagt, daß der Betrag einer Reserve unter die Passiven aufzunehmen ist, so will es damit ausdrücken, daß die Reserve selbst unter die Passiven aufzunehmen sei, nicht aber dem Aufsteller der Bilanz gestatten, mit der Ziffer, die den Betrag ausdrückt, einen anderen Zweck zu verbinden als ihr zukommt.

Es mag sein, daß die Anhänger der hier als irrig gekennzeichneten Theorie zu ihrer Ansicht gelangten, indem sie von dem g. R. ausgingen und sich sagten: der g. R. ist ein Passivum, er „braucht" also nicht angelegt zu werden, d. h. es braucht ihm kein spezielles Aktivum gegenüber zu stehen; wenn wir trotzdem, obwohl es nicht nötig ist, ein übriges tun und ihn anlegen, so bilden wir damit einen Gegenposten zum g. R., der als Aktivum in der Reserve und als Passivum im g. R. seinen Ausdruck findet.

So annehmbar dies klingt, so wenig stichhaltig ist diese Deduktion; denn, auch wenn mehr getan wird als das Gesetz verlangt, wenn eine aktive Reserve in Höhe des g. R. geschaffen wird, so ist sie dennoch nicht identisch mit ihm und daher muß für sie eine besondere Ansetzung in den Passiven nach § 261 Ziff. 5 gefordert werden.

Wenn es also in der Bilanz vom 20. Februar 1904 der deutschen Grundkredit-Bank Gotha[16]) heißt:

Passiva:		Aktiva:	
Ordentlicher Reservefonds	1 500 000	Ordentlicher Reservefonds — Anlage in Hypotheken —	1 500 000
(das Aktienkapital beträgt 15 000 000 Mk)			

[16]) Abgedruckt in der Frankfurter Zeitung vom 29. März 1904 viertes Morgenblatt. Siehe ferner bei Saling II. S. 1811 Eutin-Lübecker Eisenbahn A.-G. Bilanz 1901: Bankkonto und Effekten des festen Reservefonds 47 325 Mk. und fester Reservefonds: 47 325 Mk.; S. 1819 Kreis-Altenaer Schmalspur Eisenbahn A.-G. Bilanz 1901: Sparkassen-Einlagen des Reservefonds: 24 803 Mk. u. Reservefonds: 24 803 Mk.; S. 479 Hypothekenbank Hamburg Bilanz 1901: Wertpapiere des Reservefonds: 4 871 022 Mk. und Reservefonds; 6 000 000 Mk.; S. 492 Mitteldeutsche Bodenkredit-Anstalt Bilanz 1901: Wertpapiere des

so fehlt hier die Aufnahme der Reserve von 1 500 000 Mk. in die Passiven der Bilanz.

Ein Beispiel möge die Sachlage veranschaulichen:

I. Bilanz ultimo 1903:

Passiva:		Aktiva:	
Grundkapitalkonto	100 000	An Aktiven	120 000
Kreditoren	10 000	Debitoren	10 000
g. R.	20 000	Wertpapiere des g. R.	20 000
Gewinn	20 000		
	Mk. 150 000		Mk. 150 000

Diese Bilanz weist durch das fehlerhafte Außerachtlassen der Vorschrift des § 261 Ziff. 5 einen Gewinn von 20 000 Mk. auf, der, da der g. R. bereits genügend dotiert ist, zur Verteilung gelangen kann und somit der Gesellschaft entzogen wird. Richtig wäre die Bilanz in folgender Form:

II. Bilanz ultimo 1903:

Passiva:		Aktiva:	
Grundkap.	100 000	An Aktiven	120 000
Kreditoren	10 000	Debitoren	10 000
Reserve	20 000	Wertpapiere der Reserve	20 000
g. R.	20 000		
	Mk. 150 000		Mk. 150 000

Gewinn könnte hier nur erzielt werden, wenn sich die A.-G. entschließt, die Reserve aufzulösen und in Aktiven umzuwandeln[17]), die nicht unter die Passiven aufzunehmen sind, d. h. nicht unter § 261 Ziff. 5 fallen. Die Bilanz würde danach folgendes Aussehen erhalten.

III. Bilanz ultimo 1903:

Passiva:		Aktiva:	
Grundkap.	100 000	An Aktiven	120 000
Kreditoren	10 000	Debitoren	10 000
g. R.	20 000	Effekten	20 000
Gewinn	20 000		
	Mk. 150 000		Mk. 150 000

Reservefonds: 118 507 Mk. und Reservefonds 134 915 Mk.; S. 1255 Bank für elektr. Unternehmungen Bilanz 1901: Wertpapiere des Reservefonds 1 036 387 Mk. und Reservefonds 1 122 866 Mk.

[17]) Über Umwandlung der Reserven siehe Simon I S. 260 ff; Neukamp I S. 97 ff.

Für das nun folgende Jahr 1904 werde ein Verlust angenommen; wird in der Bilanz § 261 Ziff. 5 ignoriert, so lautet sie:

IV. Bilanz ultimo 1904:

Passiva:		Aktiva:	
Grundkap.	100 000	An Aktiven	90 000
Kreditoren	10 000	Debitoren	10 000
g. R.	20 000	Wertpapiere d. g. R.	20 000
		Verlust	10 000
	Mk. 130 000		Mk. 130 000

Der Verlust ist zu beseitigen nach § 262 durch Reduzierung des g. R., die Bilanz zu Anfang 1905 wäre demnach:

V.

Passiva:		Aktiva:	
Grundkap.	100 000	An Aktiven	90 000
Kreditoren	10 000	Debitoren	10 000
g. R.	10 000	Wertpapiere d. g. R.	20 000
	Mk. 120 000		Mk. 120 000

Hier tritt das eigenartige Resultat ein, daß die aktive Reserve doppelt so groß ist, wie der g. R., während doch die Anhänger der bekämpften Theorie annehmen, sie seien identisch. Beharrt man darauf, die 20 000 Mk. Wertpapiere des g. R. als Reserve anzusehen, so müssen sie auch auf der Passivseite erscheinen, und es entsteht ein weiterer Verlust von 20 000 Mk.

VI.

Passiva:		Aktiva:	
Grundkap.	100 000	An Aktiven	90 000
Kreditoren	10 000	Debitoren	10 000
g. R.	10 000	Wertpapiere der Reserve	20 000
Reserve	20 000	Verlust	20 000
	Mk. 140 000		Mk. 140 000

Rationeller ist es, die aktive Reserve ihres Reservecharakters zu entkleiden — durch Statutenänderung usw. — und als einfaches Aktivum zu buchen.

VII.

Passiva:		Aktiva:	
Grundkap.	100 000	An Aktiven	90 000
Kreditoren	10 000	Debitoren	10 000
g. R.	10 000	Effekten	20 000
	Mk. 120 000		Mk. 120 000

Sollte — was wohl wenig vorkommen dürfte — das Gesellschaftsstatut außer der gesonderten Anlegung des g. R. noch vorschreiben, daß diese Werte zur Deckung der Bilanzverluste zu dienen hätten, dann wäre es möglich an Stelle der Bilanz V zu bilanzieren[18]):

VIII.

Passiva:		Aktiva:	
Grundkap.	100 000	An Aktiven	90 000
Kreditoren	10 000	Debitoren	10 000
g. R.	10 000	Effekten	10 000
		Wertpapiere der Reserve	10 000
	Mk. 120 000		Mk. 120 000

ohne daß freilich die Bilanz dadurch an Richtigkeit gewänne, denn noch immer fehlt die geforderte Einsetzung der aktiven Reserve in die Passiven.

Die Bilanzen der S. 70 Anm. 16 zitierten Gesellschaften bedürfen demnach der Berichtigung entweder durch Einstellung der Reserve „Wertpapiere des g. R." in die Passivseite und ihre Namensänderung in „Reserve", oder durch Umwandlung der Reserve in Aktiva ohne Reservencharakter z. B. in Effekten, werbendes Kapitel usw. Ob das eine oder das andere besser ist, hängt von den Umständen ab; denn nicht immer ist eine Reserve vorzuziehen. Ja sehr oft wird es wirtschaftlich von Vorteil sein, dieses Kapital zwecks besserer Verzinsung im Betriebe arbeiten zu lassen[19]).

Hat sich die A.-G. für eine Reserve entschlossen, so ist zu bemerken, daß die Erträgnisse dieses Sondervermögens

---

[18]) Die Verlustdeckung durch Heranziehung der aktiven Reserve geschieht lediglich durch Umbuchung. Rehm, der ja die Anlegung des g. R. verteidigt, und der die Bilanz als richtig zulassen müßte, steht mit ihr trotzdem in Widerspruch. Denn S. 573 B. 1 betont er, daß der speziell bedeckte R. sich von dem nicht speziell bedeckten einzig und allein dadurch unterscheide, daß bei ersterem die als Gegengewicht angelegten Aktiven „realisiert" werden müßten, bei dem zweiten dagegen irgend welche beliebige. Kann man aber sagen, daß in dem obigen Beispiel die Wertpapiere des R. „realisiert" werden, weil eine Umbuchung vor sich ging? Man wird die Frage verneinen müssen.

[19]) Vergl. dazu Simon I. S. 233; Rehm § 148; Neukamp I. S. 89 Anm. 68, S. 90 Anm. 70; Seidler S. 108.

nicht Zinsen der Reserve sind, wenn nicht das Statut es ausdrücklich bestimmt. Sind in einer solchen Reserve eigene Aktien der Gesellschaft, so gilt für die Dividenden dieser Stücke, die, wie angenommen wurde, der A.-G. ebenso zufallen, wie dem dritten Aktionär die Dividenden seiner Aktien, das eben Gesagte.

Anhang zu § 9.

Anmerkung 12a (siehe § S. 68 Anm. 12).

Es wurde bereits hervorgehoben, daß das Wort Reservefonds dazu dient, verschieden geartete Begriffe auszudrücken. Die natürliche Folge dieser Mehrdeutigkeit ist die Verwechslung der Begriffe Zwangsreservefonds und Reservefonds im Sinne eines aktiven Sondervermögens, der wir in der Literatur fortgesetzt begegnen. Gefördert wurde dieser Irrtum noch durch die Schriften der Autoren vor der Aktiennovelle von 1884. Bis zu diesem Zeitpunkt war es den A.-G.en anheimgestellt, einen Reservefonds zu bilden oder nicht (Näheres bei Neukamp I S. 10 ff.). Einen gesetzlichen Reservefonds, der zur Deckung von Bilanzverlusten dient, schuf erst das Gesetz vom 18. Juli 1884. Wenn bis dahin von der Anlegung des Reservefonds gesprochen wurde, so konnte dies seine Berechtigung haben, obwohl auch die Anlage der statutarischen Reservefonds schwierig, ja sogar unmöglich sein kann. Trotzdem sind Autoren der Jahre vor 1884 hier angeführt, und zwar aus dem Grund, um zu zeigen, wie eine Ansicht richtig entstehen kann, dann aber durch veränderte Verhältnisse sich verkehrt, wenn sie ihrerseits ohne Veränderung übernommen wird.

Die Autoren nach 1884, die unten zitiert werden, gehen von dem gesetzlichen Reservefonds des Artikels 185c oder § 262 aus und gebrauchen dann, meist ohne jede weitere Unterscheidung, denselben Begriff und dasselbe Wort für aktives Sondervermögen. Hierdurch entstehen dann die verschiedenen Anschauungen über den g. R., der bald angelegt, bald gestohlen werden, bald ein Aktivum und zugleich ein Passivum u. a. m. sein kann.

1. Wagner S. 89: „. . . in den Jahresbilanzen der

Bank muß aber gleichwohl der Reservefonds aufgeführt werden und zwar mit seinem bücherlichen Guthaben auf der Passiv- und mit einem separat angelegten Vermögen z. B. dem Wert seiner Effektenbestände auf der Aktivseite."

2. Renaud II. S. 758: „Oder es hat das gewonnene Gut die Bestimmung, bei der Gesellschaft einstweilen zu bleiben und . . . Fonds derselben zu bilden. Zu solchen Fonds gehört namentlich der Reservefonds." „Der Reservefonds . . . wird . . . durch seine Zinsen . . . vermehrt."

3. von Krävel: „wenn der Reservefonds auch nicht aus eigenen Aktien gebildet werden kann . . ."

4. Zimmermann II. S. 271: „. . . namentlich in der Weise, daß derselbe (der Reservefonds) wieder in dem Unternehmen selbst verwendet werden solle."

5. Steiner S. 12 Anm. 1 zitiert Goldschmidt: „es solle verhindert werden, daß die Garantie des Reservefonds illusorisch werde, indem eigene Aktien in denselben treten."

6. Öchelhäuser hält für praktisch, zwei getrennte Reservefonds anzulegen, „von denen der eine Verwendung im Geschäft finden, der andere, in Fonds anzulegende, zur Ausgleichung von Unterbilanzen . . . dienen könnte!"

7. Löwenfeld S. 450: „Jede A.-G. muß den 20sten Teil der verteilbaren Erträgnisse auffsparen und als besonderen Fonds auffsammeln, welcher ein Passivum der Bilanz ist."

8. von Strombeck II. S. 63 will, ebenso wie Wagner, in der Bilanz nicht nur den Sollbestand des Reservefonds auf der Passivseite, sondern auch den korrespondierenden Istbestand auf der Aktivseite besonders nachgewiesen wissen.

9. Ring S. 251: „Auch die Hineinnahme der erworbenen eigenen Aktien in einen reell vorhandenen Reservefonds kann rechtlich niemals einen neuen etwa verbotenen Erwerbsakt darstellen."

10. Hirsch S. 7: „Die Motive sind ferner der Ansicht: der Reservefonds kann nicht durch eigene Aktien gebildet werden. Der Reservefonds kann vielmehr aus allen Wertpapieren gebildet werden; aus eigenen Aktien ebenso wie

aus solchen anderer A.-G.en". H. hält es aber für verfehlt, eigene Aktien in ihn aufzunehmen.

11. von Völderndorff S. 703: „Der Reservefonds ist nach dem Gesetze nur eine rechnerische Größe; er ist lediglich ein buchmäßiger."

12. Hergenhahn S. 96: „Das Verbot bringt es mit sich, daß der Reservefonds der Gesellschaft weder ganz, noch teilweise in eigenen Aktien angelegt werden kann." S. 198: „Grundsätzlich ist eine Anlegung und Verwaltung des Reservefonds nicht erforderlich. Geschieht letzteres, so wird ein Sondervermögen des Reservefonds geschaffen, . . ."

13. Neukamp I. S. 15: „Rechtlich läßt sich demnach der Reservefonds als dasjenige aus dem Reingewinn gebildete Aktivvermögen . . . charakterisieren . . ." S. 90 sagt N., daß gesetzlich keine Anlegung vorgeschrieben sei, und fährt fort: „. . . so versteht es sich demnach von selbst, daß alsdann die Art der Anlegung (des g. R.) der freien Willensbestimmung der Gesellschaftsorgane überlassen ist."

14. Auch das Oberlandesgericht Dresden ist in einem Urteil vom 21. Januar 1886 (abgedruckt bei Goldschmidt Bd. 35 S. 238) der Meinung, daß kein Zwang bestehe „den Reservefonds als besondere Kasse zu verwalten."

15. E. Mayer II. S. 545: „Der Zwangsreservefonds bildet eine sukzessiv wachsende Kapitalseinlage . . ." Außerdem aber in I. S. 59: „Jedoch kann dieser Amortisationsfonds, wenn als Reservefonds aufgefaßt, so wie dieser, bloß eine Bilanzpost sein."

16. R. und F. Esser zu § 262 Nr. 6: „Der Reservefonds braucht nicht in bestimmten Werten angelegt zu werden . . ." S. 75: „Auch der Reservefonds der Gesellschaft kann in eigenen Aktien angelegt werden, wenn dieselben in legaler Weise erworben sind."

17. A. Meyer § 262 Anm. 1: „Der Reservefonds braucht nicht besonders angelegt und verwaltet zu werden, er ist vielmehr nur ein buchmäßiger Papierposten in der Bilanz."

18. Lehmann II. S. 298: „Der Reservefonds braucht an sich nicht in bestimmten Werten angelegt zu werden."

S. 86: „Die eigenen Aktien können auch Anlagegegenstand des gesetzlichen oder statutarischen Reservefonds bilden."

19. Rehms Ansicht von dem speziell bedeckten Reservefonds wurde oben bereits eingehend dargelegt. Außerdem sagt er in I. S. 179, daß der g. R. ein Passivposten und zwar nur ein buchmäßiger sei; dann fährt er fort: „Und doch steht der wirtschaftliche Gehalt des Reservefonds, „die Mittel des Reservefonds" nicht im Passivum, sondern im Aktivum, ja sie können in der Bilanz sogar fehlen."

20. Bei Saling II. finden sich mehrere A.-G.en (zitiert auf S. 70 Anm. 16 der Arbeit), die der Meinung sind, ihren g. R. tatsächlich angelegt zu haben; bei anderen ist ausdrücklich darauf hingewiesen, daß er nicht getrennt verwaltet wird. So bei der badischen Notenbank S. 412, bei der bayerischen Notenbank S. 415. Wieder andere, z. B. die deutsche Portland Zementfabrik Adler S. 969, erklären im Statut, daß der Aufsichtsrat beschließen kann, den Reservefonds besonders anzulegen und zu verwalten.

21. Eine Stimme aus der Praxis, Kautsch S. 179, stellt das Postulat der Anlegung auf; es heißt: „Sache des Staates wäre es, darauf einzuwirken, daß die Reservefonds der A.-G.en . . . nicht „buchhalterisch" ausgewiesen und so als „werbendes" Kapital der Gesellschaft verwendet, sondern „effektiv" angelegt werden. Warum soll der Reservefonds als solcher nicht in Staatspapieren . . . bestehen? Nur dann ist er als solcher zu betrachten."

22. Seidler S. 108: „Der Reservefonds . . . stellt nur einen Rechnungsposten dar. Nur ausnahmsweise wird er abgesondert verwaltet und statutarisch in leicht realisierbaren Werten angelegt."

23. Gemünd und Knödgen S. 51: „Nebenbei bemerkt sind ja die Beträge, die dem Reservefonds zugewiesen werden, weder verloren noch untätig, sie bleiben als werbendes Kapital im Geschäfte wirksam."

24. Burkas I. in seiner Schrift: Aktionär und Gläubiger im Konkurse der A.-G. gibt unter Umständen den Aktionären Rechte am Reservefonds. Obwohl er seine Untersuchungen

auch auf das geltende Handelsrecht ausdehnt, kommt ihm der Gedanke, daß es keinen angelegten Reservefonds geben kann, nicht.

25. Ganz eigenartig ist die Meinung von Pinner; nachdem er S. 121 sagte, daß die Anlage des Reservefonds in eigenen Aktien nicht verboten sei, und S. 213, daß eine Anlegung des Reservefonds nicht stattzufinden brauche, daß aber der Vorstand anlegen könne, fährt er S. 213 unten fort: „Selbstverständlich ist, daß Effekten, in denen der Reservefonds angelegt ist, nicht als Aktivum in der Bilanz figurieren können (Bauers Zeitschr. 98 S. 267).“ Sicher entstand diese Anschauung durch § 261 Ziff. 5, wonach der Reservefonds ein Passivum ist, verbunden mit der Idee, daß man ihn anlegen könne. Abgesehen davon, daß diese Auffassung gegen die oberste Bilanzvorschrift: alle Vermögensgegenstände mit dem ihnen zukommenden Werte zu bilanzieren, verstößt, weil diese in der Pinnerschen Buchung dem aktiven Vermögen der A.-G. entzogen sind, ergibt sich die Konsequenz, daß der gesetzliche Reservefonds einen Betrag in seiner doppelten Höhe binden würde.

Beispiel: Eine A.-G. stellt durch eine Vermögenermittlungsbilanz fest, daß ihre Passiven 100 000 Mk. und ihre Aktiven 110 000 Mk. betragen. Der Überschuß beträgt 10 000 Mk. Da es sich nicht um Auflösung der Gesellschaft handeln soll, fährt sie fort, Gewinnermittlungsbilanzen aufzustellen. Die Bilanz, die obigem Vermögen entspricht, lautet unter der Voraussetzung, daß man in fehlerhafter Weise den g. R. anlegt, folgendermaßen:

Passiva:		Aktiva:	
An Passiven (Grundkap. usw.)	100 000	An Aktiven	100 000
gesetzlicher Reservefonds . .	10 000	Wertpapiere des g. R. . . .	10 000
	Mk. 110 000		Mk. 110 000

Der Überschuß, den die Vermögenermittlungsbilanz ergab, reduziert sich hier auf Null. Diese fehlerhafte Anordnung ist nötig, weil Pinner von der Anlegung des g. R. ausgeht. Nun fordert Pinner, daß die Wertpapiere des g. R. aus den Aktiven gestrichen werden.

Passiva:		Aktiva:	
An Passiven	100 000	An Akttven	100 000
g. R.	10 000	Verlust	10 000
	Mk. 110 000		Mk. 110 000

Die Folge davon ist ein Verlust von 10 000 Mk; gegenüber der tatsächlichen Vermögensaufstellung, die einen Überschuß von 10 000 Mk. ergab, bedeutet dies eine Differenz von 20 000 Mk.; d. h. die doppelte Größe des g. R. wird auf diese Art und Weise der Buchung festgelegt. Das aber ist vom Gesetz nicht verlangt, daß der g. R. eine Summe, die doppelt so groß wie er selbst ist, von der Verteilung ausschließen soll! Es ist also, mit Rücksicht darauf, daß der g. R. nicht angelegt werden, und daß es keine Wertpapiere des g. R. geben kann, zu bilanzieren:

Passiva:		Aktiva:	
An Passiven	100 000	An Aktiven	100 000
g. R.	10 000	Effekten	10 000
	Mk. 110 000		Mk. 110 000

Nun ist ein Betrag, der gleich groß ist wie der g. R. von der Verteilung ausgeschlossen.

26. Gareis (5 Aufl.) S. 268: „Die Art der Anlage des Reservefonds ist vom Gesetz nicht bestimmt, es ist jedenfalls darauf Gewicht zu legen, daß derselbe so angelegt werde, wie es sein Zweck erfordert.“

27. Lehmann-Ring S. 523: „Das frühere Recht (Art. 185 c) gedachte einer Anlegung des Reservefonds. Dabei war dessen rechtliche Natur verkannt . . . Daß dem Reservefonds besonders zu verwaltende Aktiven zu entsprechen hätten, ist nicht vorgeschrieben.“ Ferner aber bei § 226 Nr. 6: „Die sogenannte Anlegung des Reservefonds in solchen [=eigenen] Aktien ist . . . nicht verboten.“

28. Goldmann S. 1090: „Aber nur die Bildung des Reservefonds schreibt das Gesetz vor, nicht auch eine Anlegung desselben.“ „Ist die Anlegung des Reservefonds in zinstragenden Papieren geschehen . . .“ S. 955 Nr. 11: „Verboten ist es auch, nicht rechtmäßig erworbene [eigene] Aktien zur Bildung des Reservefonds zu verwenden.“

29. Staub II. § 262 Anm. 2 „Um den vom Gesetz intendierten Zweck zu erreichen, genügt die Bildung eines Reservekontos. Von der Bildung eines Reservefonds hätte nicht gesprochen werden sollen.“ Ferner aber bei § 226 Anm. 2: „Deshalb ist es auch entgegen einer Bemerkung der Motive nicht unerlaubt, in legal erworbenen Aktien den Reservefonds anzulegen, wenn es auch nicht zu der Sorgfalt eines ordentlichen Geschäftsmannes gehören mag.“

30. Makower § 262 II folgert aus den Worten des § 262 Abs. 1 „ist einzustellen“, daß hiermit das Gesetz ausdrücken wollte, es handle sich nur um eine Buchung und nicht um eine Absonderung eines Vermögens. Obwohl er ferner sagt bei § 261 XI b 1 „Dem Bilanzposten eines Reservefonds entspricht an und für sich keine ... getrennte Vermögensmasse“, so ist doch aus seinen Worten § 261 XI b 4 „Wird ... eine bestimmte Art, wie der betreffende Reservefonds anzulegen ist, vorgeschrieben, so hat dies nur die Bedeutung, daß ein Teil des Vermögens der A. G. ... aus Gütern bestimmter Art bestehen soll“ zu schließen, daß er es für möglich hält, den g. R. anzulegen. Dies wird bestätigt durch seinen Hinweis in § 262 I, wonach das eben Gesagte für den g. R. gelten solle, und außerdem indirekt in § 226 I a durch den Satz, daß der Erwerb eigener Aktien für den Reservefonds oder andere Nebenfonds unzulässig sei.

31. Simon I. S. 230: „Von einer ‚Anlegung‘ des Reservefonds im eigentlichen Sinne kann nicht die Rede sein.“ S. 231: „Es kann aber auch nicht für angemessen erachtet werden, in der Bilanz einzelne Vermögensstücke als ‚Eigentum‘ des Reservefonds zu buchen.“ S. 281: „Allerdings werden ja in den Bilanzen manche Aktiven häufig als Eigentum des Reservefonds bezeichnet, und die Bilanzen werden dann oft in der Weise aufgestellt, wie wenn Zinsen und Kursgewinn jener Aktiven von selbst dem Reservefonds zuwachsen. Diese Meinung hängt aber mit der bereits oben bekämpften Ansicht zusammen, daß dem Reservefonds ein entsprechendes Aktivum mit irgend einer rechtlichen Bedeutung gegenüber gestellt werden könne.“

32. Cosack (5. Aufl.) S. 652: „Der gesetzliche Reservefonds wird von dem sonstigen Vermögen des Vereins nur rechnerisch getrennt. Es ist also nicht notwendig, ja nicht einmal zulässig, einzelne Vermögensstücke für den Reservefonds auszusondern; . . .“

Hiermit sei die Aufzählung geschlossen. Obwohl zwei vielleicht auch drei Stimmen für die Unmöglichkeit der Anlegung des gesetzlichen Reservefonds laut werden, wird über die Behandlung der aktiven Reserve, in der die „Anlegung“ gipfeln soll, nichts erwähnt.

§ 10.

Außer der Anlage eigener Aktien in Reserven sind der A.-G. noch andere Verwendungsarten möglich. Vor allem ist an den Gebrauch durch Rechtsgeschäft z. B. Verkauf zu denken. Hier seien erwähnt die Verpfändung eigener Aktien und die Einräumung eines Nießbrauchs [1]) an ihnen seitens der A.-G.

a) Die Verpfändung. Sie geschieht gewöhnlich durch die Verpfändung der Aktienurkunde selbst, obwohl es sich um die Rechte aus der Aktie handelt. Die Form der Verpfändung richtet sich nach dem Sachenrecht (Übergabe usw.). Der Pfandgläubiger wird durch die Aktienpfändung nicht Mitglied der A.-G.; deshalb wird er, wenn es sich um Namensaktien handelt, nicht an Stelle der A.-G. in das Aktienbuch eingetragen [2]). Das Stimmrecht erlangt er nicht, weder durch Namens- noch durch Inhaberaktien, obwohl er durch den Besitz der letzteren zum Besuche der Generalversammlung und Ausübung der Rechte eines Aktionärs hinreichend legitimiert erscheint. Stimmberechtigt bleibt der Verpfänder, in diesem Falle die A.-G.; zur Ausübung des Rechtes bedarf sie der Aktien, die der Pfandgläubiger in Besitz hat. Es bleibt ihr nur übrig, ihn zur Mitwirkung, z. B. zur Hinterlegung der Aktien aufzufordern;

---

[1]) Siehe auch Lehmann II. S. 60 ff., III. S. 397 ff.

[2]) Ebenso Lehmann III. S. 398, wenn ein dritter Aktionär verpfändet.

für ihn besteht die Verpflichtung, der Aufforderung nachzukommen[3]). Die Früchte des Papiers, wie Dividenden, Bauzinsen, fallen dem Pfandgläubiger zu.

b) Der Nießbrauch. Eigentümerin bleibt auch hier die A.-G., die den Nießbrauch einräumt. Bei Namensaktien findet keine Eintragung des Nießbrauchers in das Aktienbuch statt. Die Bestellung des Nießbrauchs erfolgt nach § 1069 Abs. 1 B. G. B. Das Stimmrecht bleibt auch hier der A.-G., jedoch darf sie es nicht zum Nachteil des Nießbrauchers ausüben[4]). Die Früchte des Papiers fallen gemäß § 101 B. G. B. dem Nießbraucher zu. Erträgnisse des Papieres, die mehr als Früchte sind, die dazu beitragen die Aktie selbst zu konsumieren, wie z. B. die Liquidationsquote und die Amortisationssumme, fallen gemeinsam an die A.-G. und den Nießbraucher[5]). Dem letzteren steht das Recht zu, neue Aktien zu zeichnen, wenn der Bezug sich als Vorrecht der Aktieninhaber darstellt[6]). Ist der Nießbrauch ein zeitlich beschränkter, dann wird man wohl annehmen dürfen, daß die A.-G. ebenfalls dieses Recht ausüben darf oder doch den Nießbraucher zur Ausübung zwingen kann, damit sie nicht dauernd den Gewinn entbehre, den das Bezugsrecht eventuell mit sich bringt.

Die Einräumung eines Nießbrauchs und die Verpfändung stellen sich als unmöglich dar, sobald man annimmt, daß die Rechte der A.-G. gegen sich selbst, herrührend aus dem Eigentum an ihren Aktien, nicht existent sind; denn dann wären die eigenen Aktien, solange sie der A.-G. zugehören, wertlos, und die an sie geknüpften Rechte würden ruhen. Damit ist eine Belastung dieser Rechte ausgeschlossen. Es wurde aber die Existenz der bewußten Rechte angenommen und dadurch er-

---

[3]) Simon III. S. 267 ebenso für den Fall, daß ein dritter Aktionär an Stelle der A.-G. der Verpfänder ist.

[4]) Für dritte Gesellschafter ebenso Staub G. G. S. 440 Anm. 27; Lehmann III. S. 403; a. M. in bezug auf Inhaberaktien Jacobi S. 357.

[5]) Für dritte Gesellschafter analog Staub G. G. S. 440 Anm. 28.

[6]) Meili S. 4.

gibt sich die Möglichkeit der Verpfändung eigener Aktien und Einräumung eines Nießbrauchs an ihnen durch die A.-G.

Vermietung, Verpachtung und ähnliche seltener vorkommende Rechtsgeschäfte eigener Aktien regeln sich nach ähnlichen Gesichtspunkten.

VI.

Der Erwerb eigener Aktien zur Vernichtung und seine Folgen.

§ 11.

Seither war davon gesprochen worden, wie sich die Folgen gestalten, wenn die A.-G. ihre eigenen Aktien erwirbt in der Absicht sie zu besitzen. Nun sollen noch einige Folgen berührt werden, die sich ergeben, wenn die Aktien zwecks Einziehung erworben werden.

I. Bei Kapitalsherabsetzungen nach §§ 288 ff. H.G.B.

Der Erwerb eigener Aktien kann stattfinden, um die Grundkapitalsherabsetzung der §§ 288 ff. auszuführen. Nach § 288 Abs. 2 können verschiedenartige Maßregeln dazu ergriffen werden; so sind Einziehung, Zusammenlegung, Abstempelung, Umtausch darunter zu begreifen [1]). Diese Maßregeln unterscheiden sich dadurch voneinander, daß bei den einen, z. B. bei der Abstempelung, die Aktien in veränderter Form wieder in die Hand ihrer Eigentümer oder deren Vertreter zurückkehren, bei den anderen, z. B. bei der Einziehung, dem Umtausch, die Aktien bei der A.-G. verbleiben und

---

[1]) Erwähnt sei, daß A.-G.en, deren Zweck Versilberung ihres Gesellschaftsvermögens ist, z. B. Terraingesellschaften, oft in der Weise ihr Kapital herabsetzen, daß sie ihre Aktien, die auf 2000 Mk. lauten, allmählich durch Rückzahlungen auf 1000 Mk. erniedrigen und dann in Liquidation treten (Beispiele bei Saling II. S. 926, 941, 955, 959 usw.).

rechtlich vernichtet werden. Bei der Zusammenlegung können sich beide Arten kombinieren: ein Teil der Aktien kann in veränderter Form zurückgegeben werden, während der andere Teil bei der A.-G. verbleibt.

Kehren die Aktien auf irgend eine dieser Arten zu der A.-G. zurück, so liegt Erwerb seitens der Gesellschaft vor, auch wenn sie keine Mittel dafür aufwendet[2]). Diejenigen Aktien, die wieder hinauswandern müssen, zählen nicht zu den erworbenen, weil die A.-G. an ihnen kein Eigentum erwirbt. In Betracht kommen nur die Stücke, deren Laufbahn durch die Kapitalsherabsetzung beendet wird, und die zur Gesellschaft zurückkehren, entweder weil dies zu ihrer Vernichtung notwendig ist, oder aber damit kein Mißbrauch mit ihnen getrieben werden kann.

Diese Aktien sind längstens mit dem Erwerb rechtlich vernichtet, ihre Wiederveräußerung wäre eine betrügerische Manipulation, denn sie haben nur Makulaturwert[3]). Höchstens können sie bei Erhöhung des Grundkapitals als neue Aktien im Wege einer Neuemission ausgegeben werden, um die Druckkosten zu sparen. Hierbei müssen sie wie neue Aktien mit neuem Stempel versehen werden[4]).

Der Erwerb der eigenen Aktien in Ausführung der Kapitalsherabsetzung nach § 288 zeitigt kaum irgend eine Folge, deren rechtliche Betrachtung Schwierigkeiten bieten könnte. Die erworbenen Aktien sind rechtlich wertlos, gleichviel, ob die A.-G. sie mit der Absicht erwirbt, dies zu respektiren oder nicht. Die Frage, ob die Aktien nicht schon vor der Erwerbung wertlos geworden sind, kommt hier nicht in Betracht, da nur die Folgen des Erwerbes berücksichtigt werden sollen. Für den Erwerb ist es aber gleich, ob die Aktien schon entwertet sind oder nicht, da durch ihn die Entwertung ganz sicher eintreten muß, und die Folgen dann

---

[2]) Siehe S. 52. Anm. 1 der Arbeit.

[3]) Vergl. die Entscheidung des R.O.H.G. vom 4. Oktober 1873; ferner Rehm S. 425.

[4]) Staub II. S. 683 Anm. 5.

immer die gleichen sind, wie auch immer die Rechtslage vor dem Erwerb gewesen war.

Weniger einfach liegt der Fall, der somit eine Ausnahme bildet, wenn die Grundkapitalsherabsetzung ausgeführt wird durch freihändigen Ankauf von Aktien durch die A.-G.[5]). Hier tauchen Eigentümlichkeiten auf, die der Betrachtung wert sind. Da es sich um einen Kauf handelt, so ist damit ausgedrückt, daß der Erwerb gegen Zahlung eines Kaufpreises erfolgt. Die Veranlassung zu der Auszahlung gibt indirekt die Herabsetzung des Grundkapitals, weswegen § 289 Abs. 4 hier Platz greift, wonach den verkaufenden Aktionären der Kaufpreis erst nach Ablauf des Sperrjahres bezahlt werden darf. Das Kaufgeschäft kann sich in verschiedenen Modifikationen abwickeln.

a) Die A.-G. schließt den obligatorischen Kaufvertrag schon vor oder während des Sperrjahres ab und verpflichtet damit den Verkäufer, ihr das Eigentum an den betreffenden Aktien zu verschaffen, während sie selbst den Kaufpreis zu leisten verspricht. Das Versprechen, den Kaufpreis zahlen zu wollen, darf sie vor Ablauf der Sperrfrist geben, da nach § 289 Abs. 4 nur Zahlungen nicht geleistet werden dürfen, während die Eingehung von Verbindlichkeiten freigegeben ist[6]). Stattfinden darf die Leistung erst nach Ablauf der Sperrfrist im Zweifel Zug um Zug, so daß das Eigentum an den Aktien auch erst nach der Sperrfrist auf die A.-G. übergeht. Bis dahin ist der Aktionär Eigentümer geblieben. In diesem Falle existieren die Aktien fort bis zum tatsächlichen Erwerb durch und Eigentumsübergang auf die A.-G., also bis zum Ende des Sperrjahres. Erst von diesem Augenblick an erscheinen sie als vernichtet. Streitig ist, in welchem Zeitpunkt die Herabsetzung als erfolgt anzusehen

---

[5]) Z. B. wenn sie unter Pari stehen. Die Differenz zwischen dem Kaufpreis und dem Nominalwert ist für die kaufende A.-G. Verlust, wenn die Aktien über Pari stehen; stehen sie unter Pari, dann ist sie Gewinn, der aber nicht verteilt werden darf. Vergl. dazu Simon I. S. 216 und Jakobson S. 149.

[6]) Rehm S. 409.

ist, ob durch Anmeldung des Beschlusses oder durch die Ausführung.

b) Der A.-G. werden beim Kaufabschluß die Aktien bereits übergeben mit der aufschiebenden Bedingung, daß das Eigentum erst mit der Zahlung des Kaufpreises übergehen soll. Die Folgen dieses Erwerbes sind die gleichen wie bei a), weil nach § 158 Abs. 1 B. G. B. die Wirkung des Eigentums erst mit Eintritt der Bedingung eintritt.

c) Die A.-G. läßt sich mit dem Kaufabschluß das Eigentum an den Aktien, die ihr ausgehändigt werden, übertragen unter der auflösenden Bedingung, daß im Falle der Nichtleistung des Kaufpreises das Eigentum an den Verkäufer zurückfalle [7]). Das Eigentum ist also zur Zeit des Kaufvertrags an die A.-G. übergegangen. Es fragt sich, wie steht es mit ihrer eventuellen Rückleistungspflicht der Aktien. Hat sich der Verkäufer ausbedungen, dieselben Stücke zurückzuerhalten, wenn nicht bezahlt werde, so wird man annehmen können, daß die Aktien bis zum Ablauf des Sperrjahres und bis zur Zahlung des Kaufpreises bestehen bleiben und nicht mit dem Erwerb durch die A.-G. rechtlich vernichtet sind.

Liegt eine solche Abrede nicht vor, so könnte zweifelhaft sein, ob die A.-G. dieselben Stücke bei Nichtleistung des Kaufpreises zurückgeben muß, oder ob sie bereits frei wird, wenn sie — ähnlich wie bei dem Reportgeschäft — die gleiche Anzahl Aktien derselben Gattung zurückgewährt. § 158 Abs. 2 B. G. B. zeigt, welcher Weg einzuschlagen ist; es heißt wörtlich: „Wird ein Rechtsgeschäft unter einer auflösenden Bedingung vorgenommen, so endigt mit dem Eintritt der Bedingung die Wirkung des Rechtsgeschäfts; mit diesem Zeitpunkt tritt der frühere Rechtszustand wieder ein." Es soll also der „frühere" Rechtszustand wieder eintreten. Eine ungezwungene Interpretation wird dies dahin auslegen, daß dieser Rechtszustand eintritt durch die Zurückleistung der nämlichen empfangenen Stücke; denn nur so wird der

[7]) Vergl. § 158 Abs. 2 B.G.B.

Verkäufer wieder Eigentümer seiner Aktien. Die A.=G. muß in Betracht ziehen, daß sie das Eigentum nach Ablauf der Sperrfrist wieder verlieren kann. Es steht ihr kein unbedingtes Verfügungsrecht über die Aktien zu. Aus der Gebundenheit folgt, daß eine rechtliche Vernichtung der Aktien mit dem Zeitpunkt des Erwerbes nicht eintreten kann, weil das Eigentum an ihnen nur in bedingter Weise der Gesellschaft zusteht [8]). Es tritt demnach erst mit dem bedingungslosen Eigentumsübergang an die Gesellschaft die Wertlosigkeit ein.

d) Eine weitere Modalität ist die, daß die A.=G. bereits mit dem obligatorischen Vertrag die dingliche Wirkung antizipiert d. h. sie läßt sich die Aktien zu vollem Eigentum übergeben, während ihr der Kaufpreis bis zum Ablauf des Sperrjahres gestundet wird. Hier tritt mit dem Erwerb der Aktien auch ihre Vernichtung ein, denn die A.=G. ist unbedingte Eigentümerin geworden; es besteht keine Rückleistungspflicht, sondern nur die Pflicht zur Zahlung des Kaufpreises.

In eine eigentümliche Beleuchtung tritt der Fall dann, wenn angenommen wird, daß die A.=G. einem Aktionär seine sämtlichen Aktien in der eben skizzierten Weise zum Zwecke der Grundkapitalsherabsetzung abkauft. Dadurch daß der A.=G. das unbedingte Eigentum an den Aktien übertragen wird, und der Verkäufer sich nur den Anspruch auf den Kaufpreis wahrt, werden, wie bereits erwähnt die Aktien mit dem Erwerb wertlos.

Nun hat der Übergang des Eigentums an allen Aktien von dem Verkäufer an die A.=G. zur Folge, daß aus dem verkaufenden Aktionär ein Nichtaktionär geworden ist, ein Nichtaktionär qualifizierter Art, nämlich ein solcher, der anläßlich der Kapitalsherabsetzung eine Zahlung von der A.=G. zu fordern hat. § 289 Abs. 4 handelt nur davon, daß an Aktionäre nicht vor Ablauf des Sperrjahres bezahlt werden dürfe. Die A.=G. kann daher, wenn sie will, dem Nicht=

[8]) So heißt es z. B. bei Planck B.G.B. Bd. I, S. 275 (1903), daß die Verfügungen des Zwischeneigentümers hinfällig werden, wenn sie nicht vereinbart sind, mit dem zurückfallenden Eigentum.

aktionär den gestundeten Kaufpreis auch schon früher ausbezahlen, ohne daß sie damit gegen die Schutzvorschrift des § 289 Abs. 4 verstieße. Die ratio legis würde zum entgegengesetzten Resultate führen, und aus diesem Grunde wäre vielleicht eine Erweiterung des § 289 Abs. 4 dahin geboten, daß Zahlungen auf Grund der Kapitalsherabsetzung sowohl an Aktionäre als auch an Nichtaktionäre ein Jahr gesperrt sein sollen [9]).

Es scheint, als ob in der Praxis die Grundkapitalsherabsetzung durch freiwilligen Ankauf von Aktien [10]) nicht allzuhäufig stattfindet, weil die Aktionäre ein Jahr lang auf ihren Kaufpreis warten müssen, und dieser Umstand eher dazu beitragen dürfte, die Verkäufer abzustoßen statt sie anzuziehen [11]).

---

[9]) Auch für folgenden Fall scheint es an einer Schutzvorschrift zu mangeln: Die A.-G. erwirbt außerhalb des regelmäßigen Geschäftsbetriebes eine Anzahl Aktien. Auf S. 49 der Arbeit ist eines solchen Erwerbs anläßlich einer Fusion Erwähnung getan. Man kann dieses Beispiel benutzen; angenommen, die A.-G. will den Aktionären der fusionierten A.-G. für eine Aktie je zwei ihrer eigenen oder eine eigene Aktie und 1000 Mk. gewähren, so ist es sehr leicht möglich, daß die A.-G. über eine Anzahl eigener Aktien verfügt, wenn die Aktionäre der andern Gesellschaft wider Erwarten eine Aktie und 1000 Mk. verlangen, während die A.-G. darauf rechnete, daß zwei Aktien abgenommen würden und demgemäß sich viele Stücke verschafft hatte. Wird bald darauf eine Kapitalsherabsetzung beschlossen, so kann die A.-G. die eigenen Aktien, die sie bereits im Besitz hat, dazu benutzen, sie muß es nur gemäß § 288 Abs. 2 in dem Beschluß kund geben. Obwohl hier die Zahlung der Kaufsummen für diese Aktien an die Aktionäre nicht auf Grund der Kapitalsherabsetzung, ja sogar höchstwahrscheinlich vor ihr erfolgte, so sind die Gläubiger in diesem Falle doch gerade so übel daran, wie in dem vorigen, weil sie durch keine Schutzvorschriften gedeckt sind und die Zahlungen nicht anfechten können.

[10]) Wenn Jakobson S. 148 sagt, daß der Ankauf von Aktien seitens der A.-G. ihr gesetzlich gewährt sei, sofern er zur Verminderung der Grundkapitalziffer bestimmt ist, und in einer Anmerkung zur Begründung hinzufügt: „denn ‚erwerben‘ darf die Gesellschaft eigene Aktien nicht (§ 226)“, so beruht dies auf unrichtiger Anschauung. Eine A.-G. „darf“ erwerben, sie „soll“ es nur im regelmäßigen Geschäftsbetrieb unterlassen. Daß es eine ganze Anzahl von Fällen gibt, in denen der Erwerb zum Besitz erlaubt ist, zeigt z. B. Cosack S. 635.

[11]) Die bisherigen Erwägungen gelten auch für ältere A.-G.en, auf die die §§ 288 ff. Anwendung finden müssen (vergl. Staub II § 290 Anm. 11).

II. Im Anschluß an § 227 H.G.B.

Der Erwerb eigener Aktien kann ferner stattfinden im Anschluß an § 227. Bei der Auslegung dieses Paragraphen begegnet man einer großen Anzahl von verschiedenen Ansichten, die dadurch hervorgerufen sind, daß die Abfassung des § 227 geradezu zu mehreren voneinander abweichenden Deutungen aufzufordern scheint[12]). Es würde den Rahmen dieser Arbeit überschreiten, auf die verschiedenen Auffassungen einzugehen; nur wo es der Zusammenhang erfordert, soll davon die Rede sein.

Überblickt man die Meinungen, die § 227 alle hervorrief, so muß zugegeben werden, daß ihnen allen irgend eine gute Seite abgewonnen werden kann, je nach dem Standpunkt, von dem aus sie betrachtet werden, und je nachdem, ob man mehr die Gläubiger oder die Aktionäre oder wenn möglich beide Gruppen zusammen schützen will, oder ob man die Beständigkeit der Grundkapitalsziffer für ein Prinzip der Aktiengesetzgebung erachtet oder nicht. Fast scheint es, als ob der Praxis am besten gedient wäre, wenn man einem gerechten Eklektizismus huldigte und je nach Lage der Dinge und gemäß einer durch Treu und Glauben geläuterten Auffassung sich aus den einzelnen Theorien das Passende herausnähme.

Dem Tatbestand des § 227 dürften sich folgende Annahmen zu Grunde legen lassen; es ist hierbei nötig, ebenso wie im Gesetzestext, zwei Fälle zu unterscheiden. Einmal die Amortisation aus dem Gesellschaftsvermögen und dann die Amortisation aus dem Reingewinn.

---

[12]) Es seien die Urteile einiger Autoren angeführt: Makower (S. 489) will den Wortlaut des § 227 ändern; Reisch (I. S. 728 ff., II. S. 38) weist auf Unrichtigkeiten im Texte hin; nach Rehm (S. 429) benachteiligt § 227 die Gläubiger; Lehmann (II. S. 620) meint, daß „offenbar" nur in einem gewissen Sinne von ihm zu reden ist; Simon (I. S. 220 ff.) spricht von der „materiellen" Absicht des „Gesetzes", während Rehm (S. 430) in derselben Stelle nur die Absicht des „Gesetzgebers" erblickt. R. und F. Esser (§ 79) berichten über Streitfragen, die sich an § 227 anknüpfen.

A. Die Amortisation aus dem Gesellschaftsvermögen.

a) Die Amortisation, die nicht aus dem Reingewinn erfolgt, wird aus dem Aktivvermögen der A.=G. bestritten. Ungenau ist es zu sagen: „aus dem Grundkapital[13])". Denn das Grundkapital ist ein Passivum und ist nicht identisch mit dem Aktivvermögen der Gesellschaft. Es bindet, ähnlich wie der gesetzliche Reservefonds, in seiner Höhe einen Teil der Aktiven. Die Folge der Amortisation aus dem Gesellschaftsvermögen ist die Veränderung der Grundkapitalsziffer auf der Passivseite der Bilanz. Dies führte zu der Anschauung, als ob auch aus ihr die Einziehung bestritten würde. Daß dies unmöglich ist, geht daraus hervor, daß bei der Amortisation Vermögenswerte, also Aktiva, an die Aktionäre zurückgegeben werden; Vermögenswerte aber kann man nicht aus den Passiven entnehmen und somit auch nicht aus einem Passivposten amortisieren[14]).

---

[13]) Diesen Ausdruck gebrauchen z. B.: Hergenhahn S. 236; Rothnagel S. 134: Rehm S. 423 B 2 und C; Pinner S. 123 II 1; R. und F. Esser S. 78, 2; Goldmann § 227 Vorbemerkung.

[14]) Bei dieser Betrachtung ist eine entgeltliche Amortisation zu Grunde gelegt. Klemperer (S. 4) kennt nur diese; allein es gibt auch eine unentgeltliche (Beispiele bei Rehm S. 422 B 1 und 2; ebenso Staub II. § 227 Anm. 2; G.G. § 34 Anm. 5 und 8); am häufigsten kommt die unentgeltliche Amortisation vor als Ausführung einer Grundkapitalsherabsetzung nach §§ 288 ff. Auch an ihr läßt sich nachweisen, daß nicht aus dem Grundkapital, sondern aus dem Aktienvermögen amortisiert wird: Unentgeltlich wird amortisiert, d. h. den Aktionären wird keine Vergütung für die einzureichenden und zu amortisierenden Aktien gewährt, wenn die Aktiven gegenüber den Passiven so gering geworden sind, daß auf eine gesunde Gewinnverteilung in absehbarer Zeit nicht zu hoffen ist. Was hier fehlt, sind Aktivwerte, vorhandenes Vermögen; die Grundkapitalsziffer prangt noch immer in ihrer vollen Höhe auf der Passivseite. Es ist also kein Grundkapital verloren, sondern Gesellschaftsvermögen, und um die Grundkapitalsziffer in Einklang zu bringen mit dem geschwundenen Vermögen, amortisiert man. Es liegt, um es drastisch auszudrücken, bei der unentgeltlichen Amortisation als Folge des § 288 nichts anderes vor, als eine gesetzlich gestattete Deklaration der Tatsache, daß faktisch bereits eine Art Vernichtung von Anteilsrechten durch teilweisen Verlust von Gesellschaftsvermögen eingetreten ist, die nun durch diese Deklaration sowohl selbst als auch in ihren Folgen geregelt und sanktioniert wird (teilweise a. M. Lehmann II. 622).

b) Die Amortisation aus dem Gesellschaftsvermögen darf wohl unterschieden werden von der Grundkapitalsherabsetzung der §§ 288 ff. Darauf scheint die Stellung des § 227 außerhalb des Systems der §§ 288 ff. hinzuweisen und die allerdings sehr bestrittene Annahme, daß der Vorstand sie anordnen kann, sobald sie nur im Gesellschaftsstatut gestattet ist.

c) Die Amortisation aus dem Gesellschaftsvermögen darf nach § 227 Abs. 2 nur nach den Vorschriften, die für die Herabsetzung des Grundkapitals maßgebend sind, erfolgen. Ob sie als eine tatsächliche Kapitalsherabsetzung zu betrachten ist, und ob demgemäß auch der Amortisationsbeschluß von der Generalversammlung zu fassen und vom Registerrichter einzutragen ist u. a. m., oder ob sie nur eine Ausführungsform einer Kapitalsherabsetzung darstellt und demgemäß nur die Formen der Ausführungsweise der Herabsetzung zu beachten sind, ist streitig und kann aus dem Wortlaut des Gesetzes wohl kaum entschieden werden.

B. Die Amortisation aus dem Reingewinn.

a) Die hauptsächlichste und folgenschwerste Meinungsverschiedenheit bildet hier die Frage, ob sie mit einer Herabsetzung der Grundkapitalsziffer Hand in Hand gehen muß oder nicht. Am besten verneint man die Frage [15]). Das Grundkapital wird in seiner vollen Höhe weitergeführt, auch wenn Aktien aus dem Reingewinn amortisiert werden.

b) § 227 Abs. 2 besagt, daß „verfügbarer" Reingewinn vorhanden sein soll; dies ist nicht dahin auszulegen, als ob liquide Mittel gefordert würden; es genügt, wenn der Gewinn bilanzmäßig ausgewiesen wird. Ebenso wird man den Nachdruck nicht auf das Wort „Gewinn" zu legen brauchen, sondern unter die Amortisation aus dem Reingewinn auch diejenige begreifen, für die die A.-G. keine

---

[15]) Natürlich steht dem nicht entgegen, daß in Ausführung einer Kapitalsherabsetzung auch Aktien aus dem Reingewinn amortisiert werden.

Mittel aufzuwenden braucht, die also z. B. aus Schenkungen usw. bestritten wird.

c) Die Grundkapitalsziffer bleibt unverändert[16]); man soll nicht bilanzieren:

Passiva:		Aktiva:	
Grundkapital	100 000	verschiedene Aktiven	200 000
Reservefonds, gebildet aus amortisierten Aktien . .	100 000		
	Mk. 200 000		Mk. 200 000

sondern:

Passiva:		Aktiva:	
Grundkapital	200 000	verschiedene Aktiven	200 000
	Mk. 200 000		Mk. 200 000

Will man der Bilanzklarheit Rechnung tragen, so wird man zweckmäßig die Amortisation vor dem Strich erwähnen;

Passiva:			Aktiva:	
Grundkapital			verschiedene Aktiven	200 000
Aktien in Umlauf	. 100 000			
" amortisiert	. 100 000			
		200 000		
		Mk. 200 000		Mk. 200 000

Zum Unterschied von der Amortisation aus dem Gesellschaftsvermögen bleiben hier die amortisierten Aktien als Passivum in der Bilanz, weil das Grundkapital unverändert fortgeführt wird.

d) Die noch übrig bleibenden Aktionäre sind von nun ab in intensiverer Weise an dem Gesellschaftsvermögen beteiligt. Da die volle Grundskapitalsziffer für alle weiteren Berechnungen maßgebend bleibt, während die Zahl der Anteile (Aktien) sich verringerte, so folgt, daß auf jeden Anteil in Zukunft eine größere Dividende, Liquidationsquote usw. entfallen wird. Die Anteile werden dadurch wertvoller[17]).

---

[16]) Anders die Denkschrift S. 304, die gestattet, das Grundkapital zu vermindern, wenn daneben ein besonderer Posten entsprechend dem Nennbetrag der amoritisierten Aktien in die Passiven aufgenommen wird.

[17]) *Die Aktionäre sollten daher in ihrem eigenen Interesse genau wissen, wieviele Aktien amortisiert wurden, damit sie sich die auf sie entfallende größere*

e) Das Bestehenbleiben der vollen Grundkapitalsziffer hat zur Folge, daß eine Überschuldung nach § 240 erst dann vorhanden ist, wenn der Verlust gleich der Hälfte dieses Grundkapitals ist. Ebenso richtet sich die Höhe des gesetzlichen Reservefonds nach dieser Ziffer; es ist somit unmöglich, daß er gleich Null gebucht wird, wenn alle Aktien aus dem Reingewinn amortisiert werden, wie dies in der Praxis vorkam [18]).

Verlangt das Gesetz oder Statut zur Fassung eines Entschlusses einen bestimmten Bruchteil des Grundkapitals, z. B. $^3/_4$, so werden die noch vorhandenen Anteile mit den ihnen zukommenden höheren Beträgen gerechnet. Sind von 200 Aktien 100 amortisiert, so zählt jede der übriggebliebenen 100 Aktien doppelt, also z. B. statt 1000 Mk. 2000 Mk.

f) Die Gläubiger werden durch eine Amortisation aus dem Reingewinn nicht geschädigt, sofern, wie angenommen wurde, die Grundkapitalsziffer unverändert bleibt [19]).

Dividende usw. selbst berechnen können und nicht nur auf das auszahlende Bankhaus angewiesen sind.

[18]) Siehe Klempner S. 63.

[19]) Würde man sie herabsetzen, so kann eine indirekte Schädigung der Gläubiger eintreten; eine direkte aber auch hier nicht. Denn aus dem Reingewinn kann natürlich nur amortisiert werden, wenn er vorhanden ist; dies ist aber nur der Fall, wenn die Aktiven die Passiven inkl. der Forderungen der Gläubiger überschreiten. Es ist also für diese Forderungen, auch wenn die Grundkapitalsziffer sinkt oder Null wird, immer ein Aktivum in ihrer Höhe vorhanden, durch das sie gedeckt werden; allerdings ist weggefallen — und das ist die indirekte Schädigung der Gläubiger — das Vorhandensein weiterer Aktiven, an die die Gläubiger sich eventuell halten könnten (a. M. Staub II. § 227 Anm. 13).

Beispiel:

Passiva:		Aktiva:	
Grundkapital	100 000	An Aktiven	300 000
Forderung d. Glbgr. . . .	100 000		
Gewinn	100 000		
	Mk. 300 000		Mk. 300 000;

wird nun aus dem Gewinn amortisiert und entgegen der hier vertretenen Ansicht die Grundkapitalsziffer herabgesetzt, so ergibt sich:

g) Die Eintragung der Einziehung in das Handelsregister ist nicht notwendig. Der Vorstand kann die Amortisation aus dem Reingewinn anordnen, auch wenn das Gesellschaftsstatut über die Amortisation schweigt.

C.

Nach Festlegung der Haupttatbestände können die Folgen, die sich an sie knüpfen, erörtert werden[20].

Ist zur rechtlichen Vernichtung der zu amortisierenden Aktien ein Erwerb derselben durch die A.-G. erforderlich? Die Frage ist streitig. Reisch[21]) fordert Erwerb und die

---

Passiva:		Aktiva:	
Grundkapital	—	An Aktiven	200 000
Forderung d. Glbgr. . . .	100 000		
Gewinn	100 000		
	Mk. 200 000		Mk. 200 000

So weit gehen gewöhnlich die Beispiele, die man angeführt findet. Geht man noch weiter und amortisiert noch einmal Aktien in Höhe von z. B. 50 000 Mk., so ändern sich die Aktiven, und der Gewinn sinkt auf 50 000 Mk.; nicht mehr ändern aber kann sich das Grundkapital, das bereits Null ist.

Passiva:		Aktiva:	
Grundkapital	—	An Aktiven	150 000
Forderung d. Glbgr. . . .	100 000		
Gewinn	50 000		
	Mk. 150 000		Mk. 150 000

Eine nochmalige Amortisation um weitere 10 000 Mk. und dann nochmals u. s. f. ergeben, daß sich immer nur die Aktiven und der Gewinn ändern, während die Grundkapitalsziffer unverändert auf Null bleibt.

Passiva:		Aktiva:	
Grundkapital	—	An Aktiven	100 000
Forderung d. Glbgr. . . .	100 000		
	Mk. 100 000		Mk. 100 000

Daraus folgt ein zweifaches: 1. daß die Ansicht: bei der Amortisation aus dem Reingewinn wird die Grundkapitalsziffer geändert, sich nicht aufrecht erhalten läßt und 2. daß bis zuletzt die Gläubiger direkt nicht geschädigt sind. Bestehen in dem obigen Beispiel die Aktiven aus barem Gelde, so tritt nicht einmal eine indirekte Schädigung ein. Dies letztere dürfte aber zu den Seltenheiten gehören.

[20]) Die Folgen kommen auch für ältere A.-G.en in Betracht, für die § 227 Gültigkeit hat.

[21]) I. S. 730.

physische Entwertung d. h. die tatsächliche Vernichtung der Aktien; bis zu ihrer Vernichtung bucht er sie als Aktivum und gibt als Beispiel:

Passiva:		Aktiva:	
Aktienkapital	100 000	Sonstige Aktiva	100 000
Gewinn, angelegt in eigenen Aktien	10 000	angekaufte eigene Aktien	10 000
	Mk. 110 000		Mk. 110 000

Makower [22]) macht den Erwerb vom Einziehungsbeschluß abhängig; fordert ihn dieser, so ist er nötig. Sagt der Beschluß nichts darüber, so erfolgt bei Auslosung und Kündigung die Einziehung mit dem Auslosungsakt bezw. mit dem Zeitpunkt, zu dem gekündigt wurde, also ohne Erwerb. In anderen Fällen der Amortisation tritt die Vernichtung ein mit dem Zeitpunkt, in dem die A.-G. bezüglich der eingezogenen Aktien anteilsberechtigt wird. Staub [23]) trennt die Frage ebenfalls: bei der Zwangsamortisation tritt die Nichtigkeit der Aktien ein mit dem Akt, durch den amortisiert wird, z. B. mit der Auslosung, Kündigung; bei der freiwilligen Amortisation (= Amortisation aus dem Gewinn) mit dem Augenblick, in dem die A.-G. Eigentümerin der Aktie wird, also beim Ankauf der Aktien durch die Lieferung der Stücke. Nach Goldmann [24]) tritt die Nichtigkeit in dem Zeitpunkt ein, in dem die Amortisation bewirkt wird, also der Ankauf vollzogen, die Auslosung, Kündigung geschehen und die in der letzteren gestellte Frist abgelaufen ist. Zur Rechtswirksamkeit gehört nach G. nicht die Einlieferung der Aktienurkunde. Er fordert demnach in keinem Fall Erwerb.

Ähnlich urteilen Lehmann-Ring [25]): Mit dem Zeitpunkt, in dem beim Ankauf die A.-G. Aktionär wurde, oder zu dem die Auslosung, Kündigung usw. stattgefunden hat, ist regelmäßig die Mitgliedschaft erloschen, auch wenn die Einlieferung der Urkunde unterbleibt.

---

[22]) S. 486.

[23]) II. § 227 Anm. 3; siehe auch G. G. § 34 II. und III.

[24]) § 227 V.

[25]) § 227 Nr. 2.

Pinner[26]) dagegen sieht die Einziehung erst mit dem Erwerb (Übergabe) der Aktie durch die A.-G. als vollendet an.

Rehms Ansicht[27]) deckt sich bezüglich der Kündigung und Auslosung mit der von Staub. Bei der freiwilligen Amortisation fordert auch er Erwerb; dazu muß noch kommen, daß die A.-G. die Aktien mit Vernichtungsabsicht empfängt, d. h. das Kapitalrückzahlungskonto dafür belastet. Nur dadurch wird nach R. voll und ganz amortisiert.

Die Verschiedenheit der Meinungen rührt davon her, daß § 227 keinen Aufschluß darüber gibt, ob der Erwerb zur Amortisation erforderlich ist oder nicht.

Das Wort „Einziehung" in § 227 könnte schließlich dahin gedeutet werden, als ob die A.-G. auch tatsächlich einziehen müßte; allein dieser Schluß wird dadurch zu einem nicht zwingenden, als derselbe § 227 besagt, daß die Einziehung auch mittels Auslosung, Kündigung oder in ähnlicher Weise geschehen kann[28]). Daraus könnte man dann folgern:

Ein Erwerb ist zur Amortisation nicht nötig, wenn sie durch Auslosung, Kündigung oder in ähnlicher Weise geschieht, weil § 227 sie geschehen läßt durch diese Akte; in allen anderen Fällen, vor allem bei der Einziehung durch Ankauf ist der Erwerb der Aktien zu ihrer Durchführung nötig[29]).

Dieser Weg der Interpretation ist von verschiedenen Autoren eingeschlagen worden; er lehnt sich am ungezwungensten an den Wortlaut des § 227 an. Allein, wenn man die Folgen der Amortisation, in dieser Art geregelt, ins Auge faßt, so ergeben sich so verschiedenartige Zustände, daß man sich fragen muß: war das von dem Gesetz auch wirklich bezweckt?

---

[26]) § 227 IV.

[27]) S. 434 und 435.

[28]) Ebenso Rehm S. 434.

[29]) Liefert ein Aktionär eine Aktie trotz Aufforderung nicht an die A.-G. ein, so steht der Gesellschaft gegen ihn nur die Klage zu. Andere Mittel, z. B. Kraftloserklärung der betr. Aktie, gewährt das Gesetz ihr in diesem Falle nicht (vgl. Pinner § 227 IV.)

In den Fällen, in denen die Amortisation bereits durch die Auslosung, Kündigung usw. erfolgt, bleibt die Aktie, sofern sie der Aktionär nicht einliefert, als eine rechtlich vernichtete Urkunde in seinen Händen zurück. Tritt er sie durch Rechtsgeschäft an einen Dritten ab, weil er z. B. nichts von der Auslosung weiß, so erwirbt der Dritte kein Recht aus der Aktie, weil diese amortisiert ist und bleibt.

In den anderen Fällen, in denen zur Amortisation der Erwerb durch die A.-G. gefordert wird, besteht vor dem Erwerb das Aktienrecht noch fort. Wenn also ein Aktionär mit der A.-G. bezüglich seiner Aktien einen Kaufvertrag (obligatorisch) abgeschlossen hat, so daß die A.-G. daraufhin bereits die Nummern seiner Aktien in der Liste der amortisierten Aktien veröffentlicht, so kann der Aktionär, weil er noch Eigentümer ist und weil das Aktienrecht noch besteht, trotzdem an einen Dritten ein gültiges Aktienrecht übertragen, und die A.-G. ist gezwungen, eventuell andere Aktien anzukaufen, um die Einziehung durchzuführen.

Die A.-G. ist in den verschiedenen Fällen verschieden gestellt[30]. Man könnte daher auch von dem Gedanken ausgehen, das Gesetz habe sie in allen Lagen gleichstellen wollen, und man müßte deshalb den Erwerb in allen oder in keinem Falle fordern. Weiter aber kann man auch das Postulat erheben, daß der erwerbende Dritte immer gleichgestellt sei und daraufhin das Gesetz auslegen. Dies würde ebenfalls dazu führen, für alle Fälle den Erwerb der Aktie durch die A.-G. als notwendigen Bestandteil der Einziehung gleichmäßig zu bejahen oder zu verneinen.

Die endgültige Lösung der Frage kann aus dem Gesetz heraus nicht erfolgen. Möglich ist, daß die Praxis oder die Rechtsprechung schließlich die Entscheidung zu einer einheitlichen gestaltet.

Nach dieser Darlegung könnte man glauben, daß wenigstens das sicher stände, daß die eingezogenen Aktien

---

30) Sofern sie durch den Einziehungsbeschluß nicht Abhilfe schafft und anordnet, daß in allen Fällen die Aktien eingeliefert werden müssen oder nicht.

durch den Erwerb seitens der A.-G. als vernichtet gelten müßten, mag nun der Erwerb zur Amortisation notwendig sein oder nicht. Aber auch nicht einmal das steht unbestritten fest. Es wurde z. B. Reisch zitiert[31]), der die physische Vernichtung der eingezogenen Aktien fordert, damit die Amortisation vollendet sei. Rehm[32]) glaubt, daß Cosack derselben Meinung sei, obwohl dies vielleicht zu weit geht.

Auch diese Verschiedenheit der Ansichten betreffs der Notwendigkeit der faktischen Vernichtung der zu amortisierenden Aktien nach dem Erwerb wird veranlaßt durch das Stillschweigen des Gesetzes über diesen Punkt[33]). Aus dieser Verschiedenartigkeit der Auffassungen entspringt wiederum eine Ungleichartigkeit der Folgen des Erwerbs. Angenommen, die physische Vernichtung der zu amortisierenden Aktien bilde den notwendigen Schlußakt der Einziehung, den das Gesetz, wenn auch nicht explizite, so doch implizite verlange. Weiter sei angenommen, daß eine A.-G. bereits Aktien eingezogen habe, die sie aber nicht faktisch vernichte sondern aufbewahre. Werden diese Aktien in unzulässiger Weise wieder in den Verkehr gebracht, z. B. durch einen Angestellten der Gesellschaft, so haftet die A.-G. nach § 823 Abs. 2 B.G.B., weil sie gegen ein Schutzgesetz verstoßen hat[34]).

Geht man dagegen von der Annahme aus, daß die Vernichtung vom Gesetze nicht gefordert wird, so ist die Haftung nicht gegeben. Abgesehen von dem Fall, daß die Organe der A.-G. die Aktien in doloser Weise in den Verkehr bringen, wird hier höchstens eine Haftung wegen Fahrlässigkeit zuzulassen sein.

Eine weitere Verschiedenheit ergibt sich bezüglich der Bilanzierung. Genügt der Erwerb allein nicht, sondern fordert man noch die Vernichtung zur Amortisation, dann

---

[31]) Auf S. 94.

[32]) S. 435 Anm. 2.

[33]) Anders das österr. Aktienregulativ vom 20. September 1899 (abgedruckt bei Goldschmidt, Bd. 49 S. 322 ff.), das in seinem § 33 ausdrücklich fordert, daß die amortisierten Aktien zu vernichten sind.

[34]) Siehe Staub II. § 227 Anm. 5.

sind bis zur faktischen Vernichtung die Aktien auch nicht amortisiert. Sie sind also Vermögenswerte in der Hand der A.=G. und demgemäß als Aktiva zu buchen[35]).

Bei der Annahme, daß die Aktien längstens mit dem Erwerb amortisiert sind, wäre die Buchung als Aktiva ein Unding[36])

Eine ganz eigenartige Folgerung knüpft Cosack an den Erwerb amortisierter Aktien: Wurde die Einziehung aus dem Reingewinn bestritten, so findet nach C. keine Kapitalsherabsetzung statt. Während allgemein angenommen wird, daß amortisierte Aktien nur im Wege einer Neuemission wieder ausgegeben werden können, ist C. der Ansicht, daß dieser Satz nur Anwendung finde, wenn die Amortisation mit einer Kapitalsherabsetzung Hand in Hand gegangen war. War es nicht der Fall, dann läßt C. zu, daß die eingezogenen Aktien formlos durch eigenhändigen Verkauf — eventuell auch unter Pari — wieder ausgegeben werden können, wenn nur das Statut es nicht verbietet[37]).

Diese Folgerung scheint durch die Auffassung Cosacks, die die eigenen Aktien, solange sie sich in den Händen der A.=G. *befinden, als wertlos ansieht*[38]), *mit begründet zu* werden. Da C. *bei der Besprechung des* § 226 *dieselbe* Meinung betreffs des formlosen Wiederverkaufs äußert, darf man vielleicht folgendes daraus schließen: C. geht davon aus, daß § 226 in außergewöhnlichen Fällen erlaubt, eigene Aktien zu erwerben, die in den Händen der A.=G. wertlos sind; der Verkauf der Aktien kann wieder erfolgen, wenn es das Statut nicht verbietet.

Dieselbe Betrachtungsweise legt C. der Amortisation aus dem Reingewinn des § 227 zu Grunde. Auch hier ein Erwerb, den das Gesetz gestattet. Auch hier Wertlosigkeit der Aktien, solange die A.=G. sie besitzt, und daher keine Buchung

---

[35]) So Reisch (S. 95 der Arbeit).

[36]) ebenso Cosack S. 673 V 2 c; u. a. m.

[37]) S. 673 Ziff. 6 und V 2 d.

[38]) Siehe S. 30 der Arbeit.

als Aktiva. Der einzige Unterschied gegenüber § 226 ist demnach der, daß hier erworben wird mit der Vernichtungsabsicht, dort aber ohne dieselbe. Weil nun physische Vernichtung, wie es scheint, von C. nicht gefordert wird, genügt die Aufbewahrung der Aktien. Sobald aber die Vernichtungsabsicht wieder aufgegeben wird, steht einer Veräußerung der aufbewahrten Aktien nichts im Wege, da sie niemanden schädigt — wie C. wohl annehmen wird —, denn die Grundkapitalsziffer blieb unverändert.

Rehm [39]) verlangt ebenfalls Vernichtungsabsicht; da er aber die Aktien in den Händen der A.-G. als Wertobjekte ansieht, muß sich bei ihm die Vernichtungsabsicht durch eine besondere Buchung dokumentieren; dies ist auch der Fall. R. belastet bei dem Erwerb mit Vernichtungsabsicht das Kapitalrückzahlungskonto, und wenn die A.-G. die Aktien behalten will, das Effektenkonto oder das Konto „eigene Aktien."

Diese Kontierung fällt bei Cosack fort, der die eigenen Aktien der Wertlosigkeit halber in keinem dieser Konten buchen kann.

Cosack vertritt also die Ansicht: 1. daß die Amortisation aus dem Reingewinn die Grundkapitalsziffer unberührt läßt, 2. daß eigene Aktien in den Händen der A.-G. wertlos sind.

Rehm ist der Meinung: 1. daß die Amortisation aus dem Reingewinn die Grundkapitalsziffer ändert, 2. daß eigene Aktien in den Händen der A.-G. Wertobjekte sind.

In der vorliegenden Arbeit wird der Standpunkt vertreten: 1. daß die Amortisation aus dem Reingewinn die Grundkapitalsziffer unberührt läßt, 2. daß eigene Aktien in Händen der A.-G. Wertobjekte sind.

Welche Folgen hat für diese letzte Ansicht der Erwerb der Aktien [40]), sofern man ihn überhaupt zur Amortisation aus dem Reingewinn für notwendig erachtet? Es wurde

---

[39]) S. 435.

[40]) Es wird abgesehen von dem Postulat der faktischen Vernichtung der Aktien.

angenommen, daß die Amortisation aus dem Reingewinn vom Vorstande der A.-G. angeordnet werden könne, auch wenn sie im Gesellschaftsstatut nicht gestattet sei. Der Vorstand ist also in der Lage, jederzeit Aktien zur Amortisation zu erwerben, so bald zu ihrem Erwerb nur Reingewinn verwendet wird. Eine andere Frage ist es, ob der Vorstand seine Absicht, amortisieren zu wollen, bekannt geben muß oder nicht. Auch darüber gibt das Gesetz keine Antwort.

a) Muß die Absicht, amortisieren zu wollen, kundgegeben werden, so ist die Folge, daß alle Aktien, die in dieser Absicht erworben werden, nicht in das Effektenkonto oder in das Konto „eigene Aktien" eingetragen werden dürfen[41]); d. h. sie sind keine Wertobjekte. Werden sie trotzdem in einem dieser Konten gebucht, so liegt ein Erwerb zum Besitz vor — trotz der Amortisationsabsicht —, der, wenn er im regelmäßigen Geschäftsbetrieb erfolgte, für Vorstand und Aufsichtsrat Schadensersatzpflichten nach sich ziehen kann[42]).

b) Muß die Absicht, amortisieren zu wollen, nicht kundgegeben werden, so können die aus dem Reingewinn amortisierten eigenen Aktien entweder wie unter a) behandelt werden, wenn trotz der Nichtkundgabe der Amortisationsabsicht amortisiert werden soll, oder sie können in das Effektenkonto bezw. in das Konto „eigene Aktien" eingetragen werden, wenn die Absicht besteht, sie als Wertobjekte der A.-G. gelten zu lassen[43]). Sobald in dem letzteren Falle der Vorstand den Entschluß faßt, amortisieren zu wollen, so können auch die bereits erworbenen Aktien dazu benutzt werden dadurch, daß man sie aus dem Aktivvermögen der A.-G. ausscheiden läßt, d. h. sie scheiden aus dem Effekten-

---

[41]) Sie werden auch nicht in das Kapitalrückzahlungskonto eingetragen, weil die Grundkapitalsziffer unverändert bleibt. Diese Aktien werden also in keinem, auf die Bilanz einwirkenden Konto gebucht; höchstens wird der Vorgang als solcher in einem Journal festgehalten.

[42]) Siehe S. 4 der Arbeit.

[43]) Für diesen Fall gilt betreffs der Schadensersatzpflicht von Vorstand und Aufsichtsrat das vorher Gesagte.

konto aus, ohne daß ein anderes Konto, z. B. das Kapitalrückzahlungskonto dafür belastet werden darf.

Nimmt man an, daß die tatsächliche Vernichtung der amortisierten Aktien vom Gesetz nicht gefordert wird, so genügt es, wenn diese Aktien sorgfältig aufbewahrt werden.

Die Einziehung aus dem Reingewinn unterscheidet sich also von dem Erwerb des § 226 in zwei Dingen:

1. sie darf im Zweifel auch im regelmäßigen Geschäftsbetrieb erfolgen, und 2. die amortisierten Aktien bilden kein Aktivum der Gesellschaft.

Die nach § 226 erworbenen Aktien können jederzeit wieder freihändig verkauft werden. Ebenso auch die Aktien, die aus dem Reingewinn amortisiert wurden, sofern man nicht annehmen will, daß es der ratio legis zuwiderläuft, rechtlich vernichtete Anteile ohne weiteres wieder aufleben zu lassen. Eine klare Auskunft darüber gibt das H.G.B. nicht, und daher wird dieser Punkt wie so mancher andere streitig bleiben. Zweckmäßig dürfte die Annahme sein, die das Gesetz dahin auslegt, daß ein formloses Wiederindenverkehrbringen untersagt ist. Durch diese Annahme entfällt auch eine Anzahl sonst möglicher Konsequenzen, auf die jetzt noch eingegangen werden soll, und die dazu beitragen würden, die Sachlage zu verwirren.

Einer formlosen Wiederausgabe gleich zu achten ist die Wiederansetzung der amortisierten Aktien in der Bilanz[44]).

Hat z. B. eine A.-G. für 100 000 Mk. Aktien aus dem Reingewinn amortisiert und aufbewahrt, so kann der Vorstand nach Belieben sie zum Verkauf auf den Markt werfen, wenn angenommen wird, daß dies dem Gesetz nicht zuwidergehandelt sei und das Statut es nicht verbiete. Ebenso gut wie er sie dritten Personen anbietet, könnte er sie aber auch der A.-G. selbst zum Kauf antragen. Kauft die A.-G. ihre eigenen Aktien, so zahlt sie in fiktiver Weise einen gewissen

---

[44]) Diese Folgerung kann von Cosack um deswillen nicht gezogen werden, weil nach ihm eigene Aktien in den Händen der A.-G. wertlos sind und sie daher nie in der Bilanz erscheinen.

Kaufpreis an sich selbst, und damit erwirbt sie die Aktien, die durch diesen Kniff zu Aktiven der Bilanz werden. Geld gibt die A.=G. nicht für sie aus; lediglich von dem Beschlusse des Vorstandes hinge es ab, ob die Aktien als amortisierte oder als wertvolle fungieren sollten. Die Aktien wären dann ein angenehmes Mittel, um gegebenen Falls eine Bilanz mit Gewinn zustande zu bringen. Haben dann die Aktien ihre Schuldigkeit in der Bilanz getan, dann könnte der Vorstand beschließen, nochmals amortisieren zu wollen, und die Aktien würden von Wertobjekten wieder zu amortisierten Aktien herabsinken[45]).

Cosacks Meinung von dem formlosen Wiederauflebenlassen amortisierter Aktien scheint ferner auch deshalb weniger zu billigen zu sein, weil dadurch den Aktionären zur Unmöglichkeit gemacht wäre, die Vergrößerung der ihren Aktien anwachsenden Quote zu berechnen. Sobald Aktien aus dem Reingewinn amortisiert sind, werden bei gleichbleibendem Grundkapital die Anteilsrechte der im Umlauf befindlichen Aktien größer und wertvoller[46]). Sind z. B. von 1000 Aktien 500 amortisiert, so entfällt die doppelte Dividende auf die übrigen 500 Aktien; denn berechnet wird sie vom gesamten Grundkapital, ausbezahlt aber nur auf die Hälfte aller ehemals ausgegebenen Aktien.

Dementsprechend wird der Preis einer Aktie zirka doppelt so hoch werden. Welche eigentümliche Überraschung würde aber den Aktionären zuteil, die ihre doppelten Dividenden einkassieren möchten, wenn sie aus dem Geschäftsbericht oder der Bilanz der A.=G. ersehen, daß die A.=G. ihre aus dem Reingewinn amortisierten Aktien selbst angekauft hat und die auf sie entfallenen Dividenden einsteckt, statt sie den übriggebliebenen 500 im Umlauf gebliebenen Aktien zuwachsen zu

[45]) Diese Aktien waren ursprünglich aus dem Reingewinn gekauft worden; die Erwägung, ob der zweite fingierte Kaufpreis, den die A.=G. an sich selbst ausbezahlt (d. h. vielmehr nicht bezahlt), hätte aus dem Reingewinn bestritten werden können, wäre eigentlich anzustellen; allein kein Vorstand wird sich mit unfruchtbaren Erwägungen abgeben wollen.

[46]) Siehe S. 92 der Arbeit.

lassen! Nicht minder erstaunt dürften diejenigen Aktionäre sein, die, in der Hoffnung auf die doppelt so großen Dividenden, von den 500 in Umlauf befindlichen Aktien einige um den doppelt so hohen Preis erstanden, und die nun aus dem Geschäftsbericht ersehen, daß die A.-G. von den 500 aus dem Reingewinn amortisierten Aktien 400 durch formlosen Verkauf wieder in den Verkehr gebracht hat; diese so in den Verkehr gebrachten 400 Aktien nehmen natürlich wieder an dem Dividendenbezug teil, zum Nachteil derjenigen Aktionäre, die einige von den immer im Umlauf gebliebenen Aktien zu hohem Preise gekauft hatten[47]).

Endlich erscheint der formlose Wiederverkauf auch deshalb nicht am Platze zu sein, weil in Betracht gezogen werden muß, daß in vielen Fällen für die amortisierten Aktien Genußscheine ausgegeben werden. Es könnte sonst sich ereignen, daß plötzlich nicht nur die gesamte, ursprüngliche Aktienanzahl sich wieder im Umlauf befindet, sondern daß daneben auch eine Anzahl von Genußscheinen existiert, auf die zum Leidwesen der Aktionäre dann ebenfalls eine Quote des Gewinnes entfallen würde[48]).

Dieser Zustand kann unmöglich als ein normaler angesehen werden; das Vorhandensein der Genußscheine wäre hier geradezu unerklärlich und würde nichts anderes bedeuten, als eine Art Besteuerung der Aktionäre, deren Dividenden verkürzt würden.

Angesichts solcher Folgen erscheint das Verbot der formlosen Wiederausgabe von Aktien, die aus dem Reingewinn

---

[47]) Wenn der Vorstand, um das Übel voll zu machen, überhaupt jede Veröffentlichung über die Einstellung der angekauften, eigenen Aktien in die Bilanz oder über den formlosen Wiederverkauf an der Börse unterläßt (es braucht dies nicht einmal in böswilliger Absicht zu geschehen), dann läßt sich die Verwirrung und Unsicherheit in bezug auf die Größe der Dividende und auf die Höhe des Börsenpreises der Aktien kaum noch ausdenken. — Übrigens bringt Simon I. S. 222 Anm. 207 ein von ihm verurteiltes Beispiel betr. eine Neuausgabe von Aktien; es scheint, daß dort eine Art von formloser Wiederausgabe stattgefunden hatte.

[48]) Über die praktische Ausgestaltung der Gewinnverteilung beim Vorhandensein von Genußscheinen siehe Klemperer S. 11 ff.

amortisiert wurden, für gerechtfertigt, und eine entsprechende, eindeutig bestimmte Textierung des Gesetzes wäre am Platze.

VII.

Schlußbetrachtungen.

§ 12.

Nachdem die wichtigsten Folgen, die der Erwerb eigener Aktien mit sich bringt, untersucht worden sind, erübrigt es, eine kurze Übersicht der Tatbestände zu geben, um an sie noch einige Bemerkungen zu knüpfen.

Wie schon in der Einleitung hervorgehoben wurde, sollte der Versuch gemacht werden, die Folgen des Erwerbs von einem einheitlichen Gesichtspunkt aus zu betrachten; von einem Gesichtspunkt aus, von dem angenommen wurde, daß er sehr wohl mit dem Gesetz vereinbar sei. Ausgeschieden wurde somit die Betrachtungsweise, die, auf die Konstruktion eines einheitlichen Gesichtspunktes verzichtend, der Praxis Rechnung tragend, die einzelnen Folgen des Erwerbs nach Zweckmäßigkeitsgründen untersucht.

Der Standpunkt, von dem aus eine einheitliche Betrachtung möglich schien, wurde gewonnen durch die Annahme der Rechte gegen sich selbst. Dadurch war die Aufrechterhaltung sämtlicher Mitglieds- und Anteilsrechte, die aus dem Besitze der Aktien entspringen, gegeben.

Die A.-G. kann somit ausüben:

1. Das Dividendenbezugsrecht, das Recht auf Liquidationsquoten usw.

Die Ausübung des Dividendenbezugsrechtes deckt sich mit der in der Praxis herrschenden Gepflogenheit. Werden eigene Aktien gekauft, dann wird gebucht: per Effektenkonto an Kassenkonto. Werden die Dividenden fällig, dann wird das Effektenkonto dafür erkannt: per Dividendenkonto an Effektenkonto; während das gesamte Dividendenkonto alsdann zu Lasten des Gewinn- und Verlustkontos ausgeglichen wird. Von einem Nichtbezug der Dividenden wird mit Recht ganz abgesehen. Die bezogenen Dividenden können in zweckmäßiger Weise als Gewinnvortrag in der Bilanz erscheinen.

Die Ausübung des Rechtes auf Liquidationsquoten zeitigt praktisch keine Unterschiede gegenüber der Nichtausübung dieses Rechtes; nur die theoretische Grundlage ist eine andere.

2. Das Stimmrecht steht ebenfalls der A.-G. zu. Sollte es möglich sein, dieser Folge des Erwerbs die allgemeine Anerkennung zu erringen, so wäre damit vielen unlauteren Machenschaften der Boden entzogen. Denn steht man auf dem Standpunkt, es dürfe die A.-G. nicht stimmen, so darf sie das Stimmrecht natürlicherweise auch nicht durch Dritte ausüben lassen, weil sie sonst das Verbot umginge. Dies aber ist sehr häufig gang und gäbe. Während nach der hier vertretenen Ansicht die A.-G. auf Grund eigener Aktien stimmberechtigt ist, herrscht in der Praxis vielfach die entgegengesetzte Meinung vor. Dies kommt daher, weil man weiß, daß das Gesetz den Erwerb eigener Aktien im allgemeinen nicht duldet, und deshalb unterlassen die Organe der A.-G. alles das, was mit Sicherheit darauf hinweist, daß eigene Aktien vorhanden sind. Sie stimmen auch nicht mit den Aktien der Gesellschaft für diese ab, obwohl sie dazu imstande wären, sondern überlassen dies dritten Personen.

Häufig genug müssen A.-G.en, z. B. die Aktienbanken, Kunden, die von ihren Aktien besitzen, in der Generalversammlung vertreten; dazu bedienen sie sich Vertrauensmänner, z. B. eines Rechtsanwaltes, dem sie dann auch für ihre eigenen Aktien die Vollmacht, das Stimmrecht auszuüben, einräumen. Dieser Vorgang ist so alltäglich, daß das Bewußtsein des Unrechtmäßigen dabei ganz fehlt. Obwohl die Betreffenden von dem Grundsatz ausgehen: die A.-G. darf auf Grund eigener Aktien nicht stimmen, so ist man an das Ausübenlassen des Stimmrechtes durch einen Bevollmächtigten so sehr gewöhnt, daß man oft die Ansicht hören kann: nur die Organe der A.-G. dürfen nicht mit den eigenen Aktien abstimmen, Stellvertreter aber dürfen es wohl.

Umfragen in der Praxis ergaben, daß man bei der Ausübung des Stimmrechtes hauptsächlich nur darauf sieht, daß der Abstimmende selbst durch keinen Umstand gehindert erscheint; ob ein Hinderungsgrund bei seinem Auftraggeber vorliegt, wird nicht in gleichem Maße berücksichtigt. Besitzt z. B. der A 100 Aktien, und kann aber nach Statut ein Aktionär nur mit höchstens 50 Aktien stimmen, so wird er es nicht wagen, selbst mit 100 Aktien zu stimmen. Dagegen wird weit weniger darin gefunden, wenn er dem C 50 Aktien gibt, und dieser damit abstimmt; denn die Praxis betrachtet sich gewöhnlich nur den abstimmenden C. Dieser C hat nicht mehr als 50 Aktien, er hat sie hinterlegt, sich angemeldet usw., folglich kann er stimmen. Genau so, wenn die A.-G. dem C die eigenen Aktien leiht, um das Stimmrecht ausüben zu lassen. Man konstatiert nur, ob der C stimmberechtigt ist; ob den Aktien ein Mangel anhaftet, ob damit ein gesetzliches oder statutarisches Verbot umgangen werden soll, steht in zweiter Linie.

Wer besonders vorsichtig sein will, der läßt sich die Aktien verkaufen, um beruhigt das Stimmrecht ausüben zu können. Die Fälle zählen nicht zu den Seltenheiten, in denen eine Aktienbank einem ihrer Aufsichtsräte ihre zufällig vorhandenen Aktien in letzter Stunde durch Eröffnung eines Kontos für ihn in ihren Büchern verkauft, so daß der Aufsichtsrat auf Grund eigener Aktien, aber natürlich nach erhaltenen Weisungen abstimmt.

Wohl kaum wird es vorkommen, daß auf eigene Aktien einer A.-G. hin das Stimmrecht nicht ausgeübt wird, auch wenn die Beteiligten der Ansicht sind, es dürfe nicht geschehen, denn immer werden sie ein Verfahren finden, von dem sie annehmen, es sei erlaubt. Es kann nicht verkannt werden, daß durch die Ausübung des Stimmrechtes auf Grund der eigenen Aktien die Organe eine große Macht ausüben können, die bei genügender Anzahl von Stimmen so weit gehen kann, daß sie sich sozusagen selbst Decharge erteilen. Allein dieser Umstand spricht weniger gegen das Stimmrecht als solches, als vielmehr gegen den Erwerb eigener

Aktien. Dadurch daß er verboten ist, wird praktisch wohl kaum eine solche Mehrheit von Aktien sich dauernd im Besitze der A.-G. befinden.

3. Eigene Aktien sind ein Aktivum in der Bilanz der A.-G. Diese Forderung wird einmütig von Theorie und Praxis — mit Ausnahme von Cosack — bejaht. Von der Praxis deshalb, weil es dem wirtschaftlichen Sinn der Kaufleute zuwiderliefe, ein wirtschaftlich wertvolles Gut unbeachtet zu lassen, und weil es nach ihrer Anschauung auch unbedingt durch das Wesen der doppelten Buchführung geboten erscheint, das nicht zuläßt, daß ohne weiteres eine Gegenbuchung unterbleibt, wenn der betreffende Gegenstand oder das Rechtsgeschäft eine Buchung bereits notwendig gemacht hat. Für die Theorie wird die Übereinstimmung mit der Praxis in diesem Falle wohl maßgebend gewesen sein, denn eine wissenschaftliche Begründung wird nur selten gegeben, und wenn sie versucht wird, kommt ihr nicht allzuviel Überzeugungskraft zu.

Man sollte gesetzlich vorschreiben, daß eigene Aktien in der Bilanz als solche kenntlich zu machen sind; einige ausländische Gesetze verlangen sogar, daß der jährliche Zu- und Abgang an eigenen Aktien ersichtlich sein soll.

Von großer Bedeutung kann die Ansetzung der eigenen Aktien in der Bilanz bei der Fusion werden, weil bei dieser Gelegenheit die Beträge in eigenen Aktien häufig nach Millionen zählen.

4. Die unentgeltlich erworbenen eigenen Aktien werden in der Bilanz mit dem ihnen zukommenden Werte angesetzt.

5. Eigene Aktien können als Reserve dienen. Die Anlegung des gesetzlichen Reservefonds in eigenen Aktien ist (wie überhaupt) unmöglich. Andere Reserven dagegen können darin angelegt sein. Wirtschaftlich dürfte es sich wenig empfehlen; denn die Reserven sollen in schlechten Zeiten die Gesellschaft stützen helfen. Die schlechte Zeit dokumentiert sich aber gewöhnlich durch einen niedrigen Kurs der Aktien; also wird auch die Reserve nicht den Rückhalt bieten, den sie gewähren könnte, wenn sie aus Wertpapieren bestände, die keine Anzeichen einer Krisis aufweisen.

6. Verpfändung und Nießbrauchsbestellung an eigenen Aktien sind der A.-G. möglich; allzu häufig dürften sie jedoch nicht vorkommen.

7. Anschließend an den Erwerb eigener Aktien zur Vernichtung wurde auf die Unklarheit der Folgen hingewiesen, hervorgerufen durch den zu knappen Gesetzestext. Als unzweckmäßig stellte sich die Annahme heraus, daß aus dem Reingewinn eingezogene Aktien formlos wieder ausgegeben werden könnten.

Die Folgen 1—6, die der Erwerb nach sich zieht, werden in der Praxis sehr oft dadurch vermieden, daß die A.-G.en unter allen Umständen davon absehen, die eigenen Aktien selbst zu erwerben. Umgangen wird das Verbot des § 226 z. B. dadurch, daß eine A.-G. A alle Aktien einer A.-G. B besitzt und umgekehrt. Der Effekt ist dann sozusagen derselbe, wie wenn die A.-G. A ihre eigenen Aktien besäße und ebenso die A.-G. B. Oder aber es wird eine Tochtergesellschaft gegründet, die dann die eigenen Aktien der Muttergesellschaft übernimmt. Mangels einer Vorschrift, das Effektenkonto zu spezialisieren, tritt dies in der Bilanz nicht zu Tage.

So versuchte die Pommernbank vor ihrem Zusammenbruch, den Kurs ihrer Aktien dadurch zu halten, daß sie zwar nicht selbst, aber doch ihre Tochtergesellschaft die Aktien aufkaufte, während sie umgekehrt den Kurs der Aktien der Tochtergesellschaft stützte.

Große A.-G.en, besonders die Aktienbanken, haben Interesse daran, den Kurs ihrer Aktien täglich zu regulieren; dies geschieht dadurch, daß sie den Saldo der täglichen Käufe und Verkäufe an der Börse, je nachdem es ihnen vorteilhaft erscheint, übernehmen oder zusagen. Es scheint, will man konkrete Zahlen angeben, sich um Beträge von 10000 bis 20000 Mk. täglich zu handeln, normale Zeiten vorausgesetzt. Bei gesteigertem Umsatz erhöhen sich diese Zahlen. Hierbei wird aber nicht für Rechnung der betreffenden Bank erworben, sondern es besteht meist ein dauerndes Konsortium, dem die Direktoren, Aufsichtsräte oder eventuell auch Großaktionäre der betr. A.-G. angehören. Für dessen Rechnung werden all die Transaktionen ausgeführt. Anstelle der eigenen Aktien erscheint dann das Konto der Konsortialbeteiligung in der Bilanz. Zur Ausübung des Stimmrechtes auf Grund der von dem Konsortium besessenen Aktien dieser A.-G. wird häufig ein Mitglied dieses Konsortiums herangezogen, das von der A.-G. Instruktion erhält.

Was eine A.-G. im Guten oder Bösen durch den Erwerb eigener Aktien erreichen möchte, erreicht sie auch, wie gezeigt wurde, durch die Beteiligung an einem Konsortium, das für seine Rechnung die Käufe oder Verkäufe ausführt. Während eine A.-G. durch offenkundigen Besitz eigener Aktien bald an Kredit verlieren und den soliden Ruf einbüßen würde, oder sogar mit dem Gesetze in Konflikt geraten könnte, kann sie so die Vorteile genießen, ohne die Nachteile mit in Kauf nehmen zu müssen.

Hält man es von gesetzgeberischer Seite aus für angebracht, daß eine A.-G. überhaupt nichts mit eigenen Aktien zu tun habe, so müßte man auch die Beteiligung an diesen Konsortien verbieten, obwohl nicht verhehlt werden kann, daß sicher wieder eine neue Form auftauchen würde, um diese zu ersetzen. Bemerkt doch schon Endemann[1]) bei der Besprechung des Verbotes, eigene Aktien zu erwerben, daß jeder Kenner der Zustände des Verkehrslebens voraussähe, daß sich die Praxis doch zu helfen wisse.

Es erscheint also, als ob ein striktes Verbot doch umgangen wird, wenn es zu große Bedrückung und Hemmung der Verkehrsfreiheit hervorruft, und daher ist die jetzige Regelung des Erwerbs eigener Aktien eine psychologisch gut ausgedachte. Die Sollvorschrift des § 226 ist für die guten Elemente schon Direktive genug für ihr Handeln und gestattet außerdem in gebotenen Ausnahmefällen den nötigen Spielraum. Die schlechten Elemente, die, durch egoistische und unlautere Motive bestimmt, auch eine Mußvorschrift nicht einhalten würden, können aus den Strafbestimmungen, die die Sollvorschrift schützen, genügend verhaftet werden.

---

[1]) S. 56.

Es verdient hervorgehoben zu werden, daß, wenn auch in gewissen Fällen die Folgen des Erwerbs eigener Aktien günstige sein können für Gesellschaft, Aktionäre und Gläubiger, das Prinzip als richtig anerkannt werden muß, das den Erwerb eigener Aktien nicht gestattet. Wilde Spekulation, Kurstreibereien, Ausbeutung des Publikums durch geeignete Hausse- oder Baissemanöver und Gefährdung des Gesellschaftsvermögens sind einige der möglichen Folgen des Erwerbs, die aber durch das Verbot des Erwerbs und die Strafandrohung für dessen Überschreitung in Schranken gehalten werden.

FSC
www.fsc.org
MIX
Papier | Fördert
gute Waldnutzung
FSC® C083411

Kolibri 360 GmbH
Ferdinand-Jühlke-Straße 7
99095 Erfurt, Deutschland
produktsicherheit@kolibri360.de

Druck:
CPI Druckdienstleistungen GmbH
im Auftrag der
Kolibri 360 GmbH
Ferdinand-Jühlke-Str. 7
99095 Erfurt